Heidi Findeis

Die Kraft der Naturmystik

Heidi Findeis

DIE KRAFT DER NATURMYSTIK

Mit der Spiritualität der Natur
sich selbst spüren

//////////////////////////////// SILBERSCHNUR 🦋 VERLAG

Copyright © Verlag »Die Silberschnur« GmbH

ISBN: 978-3-89845-414-8

1. Auflage 2013

Gestaltung & Satz: XPresentation, Güllesheim
Umschlaggestaltung: XPresentation, Güllesheim; unter Verwendung verschiedener
                              Motive von www.fotolia.de
Druck: Finidr, s.r.o. Cesky Tesin

Verlag »Die Silberschnur« GmbH · Steinstraße 1 · D-56593 Güllesheim
www.silberschnur.de · E-Mail: info@silberschnur.de

*Für das Licht, das wir sind,
und die Liebe, die uns miteinander verbindet.*

Inhalt

Einleitung   13
Es beginnt   15

Der Weg

Die Traurigkeit und die Sehnsucht
    in unseren Herzen   21
Die Heiligkeit unseres Lebens   23
Die Natur als unser Lehrer   27
Das Geschenk des freien Willens   31
Die Retter unseres Planeten   35
Das Wichtigste auf unserem Weg   39
Die Sehnsucht   43
Der Wille   47
Das Vertrauen   53
Die Geduld und die Ausdauer   57
Der Weg hat bereits begonnen   67
Ankommen in sich selbst   77

Wahrnehmen und loben

Gottes Geschenk an uns:
    Die Schönheit der Schöpfung   83
Die Liebe im Herzen finden   87
Freude – die immer gegenwärtige Qualität   91
Urteilen – beurteilen – verurteilen   95

Sich selbst spüren   99
Die Kraft des Augenblicks   103
Die Liebe des Waldes   109
Das Herz öffnen   115
Das Bewusstsein erweitern –
die Wahrnehmung ausweiten   117

Dankbarkeit
Dankbarkeit ist sanfte Liebe   123
Dankbarkeit ist der Schlüssel zur
   göttlichen Quelle   129
Die Gnade in uns   133
Die Dankbarkeit festigen   135

Annehmen
Der Zauber des Lebens   143
Den freien Raum schaffen – loslassen   145
Unsere Kindheit   149
Glaubenssätze, Denk- und Verhaltensmuster   155
Gefühle   159
Materielle Güter   165
Erfüllt sein – annehmen   169

Dienen
Wahres Dienen ist Einssein mit Gott   175
Mitgefühl   177
Die Macht der Liebe   181
Freude   187
Erschöpfung   191

Noch ein Wort zum Schluss   195
Du musst das Leben nicht verstehen   197
Danke   199
Literaturverzeichnis   201

Ich lebe mein Leben in wachsenden Ringen

Ich lebe mein Leben in wachsenden Ringen,
die sich über die Dinge ziehn.
Ich werde den letzten vielleicht nicht vollbringen,
aber versuchen will ich ihn.

Ich kreise um Gott, den uralten Turm,
und ich kreise jahrtausendelang;
und ich weiß noch nicht:
Bin ich ein Falke, ein Sturm
oder ein großer Gesang?

(Rainer Maria Rilke)

In "Die Kraft der Naturmystik" Heidi Findeis shares brilliant gems of wisdom. The book is a true treasure of tools for all seeking a life filled with deeper meaning. Heidi guides us in creating a life filled with love, light, compassion, and joy. This is such an important book for those of us yearning to be genuine and to live from a place of authenticity, connection, and truth.

Sandra Ingerman,
Autorin von "Die Seele schützen" und
"Gut leben in schwieriger Zeit: Schamanische Techniken für Gesundheit, Wohlstand und Frieden".

Einleitung

Tu erst das Notwendige,
dann das Mögliche –
und plötzlich
schaffst du das Unmögliche.
(Franz von Assisi)

Das Streben nach der Vereinigung mit dem Göttlichen hat seinen Ursprung in der schamanischen Weltanschauung. Es ist ein mystischer Weg, der uns hilft, das Göttliche in uns zu entdecken und auszudrücken. Damit sind die Schamanen die Urmystiker der Menschheit – Naturmystiker, die Gott in allen Dingen der Schöpfung erkennen.

Franz von Assisi (1182-1226) ist für mich der größte Naturmystiker aller Zeiten. Seine Liebe zur Natur, seine Verbundenheit mit allem Leben, seine Achtung vor den Elementen und sein nicht enden wollender Drang zu dienen ließen mich seine Liebe zur göttlichen Schöpfung erkennen. Welch ein wundervoller Frieden muss in einem Menschen leben, der sich in einem solchen Maß selbst hingibt für andere – ohne jemals zum Opfer zu werden, sondern erfüllt ist von Dankbarkeit, dienen zu dürfen.

Er teilte den Weg zur Vereinigung mit dem Göttlichen in vier Schritte auf: Lobt die Schönheit der Schöpfung, dankt dafür, nehmt an, was euch geschenkt wird, und dient aus dieser Kraft heraus.

Diese vier Schritte habe ich auf unsere Zeit übertragen und ausgearbeitet, so dass es jedem möglich wird, sie zu gehen und sich auf dieses Erlebnis der Gotteserfahrung - der Naturmystik - einzulassen.

Somit ist der Schamanismus nicht nur eine Technik, die wir praktizieren, sondern eine Art zu leben. Er ist eine Möglichkeit, unser Leben zu bereichern und es groß werden zu lassen.

Geben wir uns dieser Anschauung hin, gehen wir den Weg der Vervollkommnung und werden zu ganzheitlichen Wesen, die eins sind mit allem, was ist, und in einer Kraft leben, die Liebe heißt.

Es beginnt

"Wo bin ich?" Ich konnte mich nicht mehr spüren, stattdessen durchflutete mich ein Gefühl der Ruhe und des Friedens. Keine Aufregung – nur Stille in mir und um mich.

Eben war ich noch aus der Dunkelheit des Waldes in die Sonne hinausgetreten und stand auf einer Waldlichtung. Eine wunderschöne Wiese breitete sich vor mir aus. Ich blieb stehen. Ein Baum am Waldrand, etwa 50 Meter entfernt, zog meinen Blick auf sich. Im selben Moment dehnte sich mein Bewusstsein in rasender Geschwindigkeit über die Wiese zum Baum hin aus.

Mein Blick wanderte weiter zu einem Baum am Horizont viele Meter von mir entfernt, und sogleich raste mein Bewusstsein weiter über die Wiese zum Baum am Horizont.

Mich selbst konnte ich nicht mehr spüren, nicht mehr als Person wahrnehmen. Es war, als würde ich mich wie eine sanfte Wolke über die Landschaft legen. Oder eher *in* die Landschaft legen?

Ich war eins mit der Waldlichtung und mit den Bäumen ringsherum. Bis zum Horizont war ich ausgeweitet. War ich das wirklich? Und wo war ich? Ich konnte mich nicht mehr spüren. Ein Ich gab es nicht mehr, sondern nur noch Bewusstsein im Lebensraum der Landschaft. Ich spürte mich überall gleichzeitig.

Wenn ich nun überall war, so konnte ich doch bestimmt aus einer höheren Perspektive hinunterschauen zu mir, zu dem Weg, auf dem ich eben noch gestanden hatte. Ich versuchte, mich zu finden, aber ein Sehen im gewohnten Sinn war nicht mehr möglich. Ich war nicht fähig, etwas Bestimmtes anzuschauen oder mit meinen Augen zu fixieren. Ich war nur noch Bewusstsein, in dem ein Betrachten nicht mehr möglich ist, in dem ich mich selbst nicht mehr spüren konnte. Wie eine Wolke aus reinem Bewusstsein lag ich da, schwebte ich. Nur noch sein - sich hingeben - ohne ein Ich.

Gleichmut, Stille, Frieden, Zeitlosigkeit.

Ich begann, mich diesem Zustand hinzugeben, ohne weiterzuforschen, ohne schauen zu wollen, ohne nachdenken zu wollen, ohne erfahren zu wollen - nichts mehr wollen - mich einfach nur hingeben und sein.

Nach einiger Zeit nahm ich die Energie eines Falken wahr, der sich von einem Baum erhob und auf die Waldlichtung flog, von der ich ein Teil war. Nun wurde auch er eins mit dieser Landschaft - eins mit mir, die nicht mehr als Ich existierte.

Er flog eine Kurve und zog mich mit seiner Energie mit. Ich folgte ihm langsam über die Wiese, und mit jedem Schritt begann ich, mich selbst wieder zu spüren.

Ich fühlte, wie meine Füße den Boden berührten, wie Mutter Erde mich in sich aufnahm als ihr Kind.

Mein Bewusstsein schrumpfte wieder zusammen und zog sich in meinen Körper zurück, und Schritt für Schritt kam ich wieder im Menschsein an.

Immer noch folgte ich dem Falken mit meinen Blicken, als er am Ende der Wiese noch einmal eine Kurve flog, um dann im Wald zu verschwinden. Bevor er verschwand, ließ er eine seiner Steuerungsfedern fallen. Sanft und weich hielten die Grashalme die Feder in ihren Armen.

Ich hob sie auf und strich zart mit meinen Fingern darüber. Dann flüsterte ich dem Falken ein Dankeschön zu und ging weiter.

Der Wald hatte mich wieder. Langsam ging ich den Weg entlang, die Feder sacht – und voller Achtung diesem wertvollen Geschenk gegenüber – in den Händen. Immer wieder betrachtete ich sie und strich mit meinen Fingern über dieses zarte Wunderwerk der Schöpfung.

Nichts ist für mich ohne Bedeutung, nichts geschieht einfach nur so. Und das, was gerade geschehen war, sollte mir etwas sagen – es war eine Botschaft, ein Hinweis der Geister dieses wunderschönen und geheimnisvollen Ortes. Ich spürte, dass die Feder in meinen Händen ein Wegweiser war, denn die Steuerungsfeder bestimmt die Richtung, in die der Vogel fliegt, die Richtung, in die das Zusammenspiel der göttlichen Energien ihn trägt. Der Falke hatte mir die Richtung gezeigt, mich mitgenommen im Bann seiner Kraft – und als Abschied hatte er mir seine Steuerungsfeder geschenkt. Ich wusste, dass die Feder mir zeigen konnte, wohin meine Reise ging. Meine Reise, die die Reise der gesamten Menschheit ist.

Der Falke hat mich aus dem Zustand des reinen Seins, des reinen Geistes geholt, mich zurück auf die Erde gestellt, um mir zu sagen: "Gehe auf Erden – getragen vom Flug des Geistes."

Dieser Flug ist nicht nur meiner. Es ist der Flug der gesamten Menschheit.

DER WEG

Die Traurigkeit und die Sehnsucht in unseren Herzen

Die Traurigkeit ist das Los
der tiefen Seelen und der starken Intelligenzen.
(Alexandre Vinet)

In Momenten der Stille, in Augenblicken der Ruhe oder des Alleinseins zeigt sich in der Tiefe unserer Seele ein Gefühl der Traurigkeit, welches jeder von uns in sich trägt und kennt – manchmal ist es deutlich zu spüren, manchmal kaum wahrnehmbar. Aber es ist da. Je feinfühliger wir sind, umso häufiger und klarer können wir es spüren. Je weiter unsere Seele entwickelt ist, umso mehr wird diese Traurigkeit ein stetiger Begleiter in unserem Leben.

Durch die Erweiterung unseres Bewusstseins wird uns gewahr, was wir durch die Trennung von unserer Göttlichkeit alles verloren haben und wie arm uns dies gemacht hat. Die Erinnerung an die göttliche Verbindung gibt uns eine Ahnung davon, dass es im Einssein keine Einsamkeit und keine Traurigkeit gibt. Tief verborgen in unseren Seelen tragen wir noch immer die Erinnerung an den Glanz, die Herrlichkeit und den Reichtum.

Es ist die Sehnsucht nach der Schönheit des Daseins, die diese Traurigkeit hervorgebracht hat.

Und es ist die Sehnsucht, die uns dazu treibt, uns auf den Weg zu machen – auf den Weg zu uns selbst, um zu erfahren, wer wir wirklich sind und warum wir hier sind.

Wer diesen Frieden im Einssein mit der Schöpfung nur einmal gespürt hat, der kann ihn nie mehr vergessen. Es ist der Friede, der sich ausbreitet, und die Liebe, die man selbst ist, ungetrennt von allem, kennt keine Worte.

Jeder sehnt sich nach diesen Augenblicken, in denen wir uns als eine Einheit spüren, nach dem Moment, der uns die Wahrheit eröffnet – und unsere Herzen weit werden lässt in der Unendlichkeit des Seins, in der Grenzenlosigkeit. Es ist ein innerer Drang, diesem Erleben zu folgen, denn dies ist der Zustand des Friedens und der Freiheit – des Friedens, der uns das Paradies zurückbringt, und der Freiheit, nach der wir uns sehnen.

Die Heiligkeit unseres Lebens

In Dankbarkeit für das Geschenk des Lebens
weiht man das Leben wieder Gott als Geschenk
durch selbstlosen Dienst an seiner ganzen Schöpfung.
Mit dieser Widmung zeugt man der Heiligkeit allen
Lebens seine Wertschätzung
und behandelt es mit Hochachtung.
(David R. Hawkins)

Das Erreichen eines Zieles beginnt mit dem ersten Schritt, der in dem Vertrauen und der Hoffnung, das Unmögliche möglich zu machen, getan wird. Den Weg gehen wir alle, jedoch erlebt ihn jeder auf seine ganz individuelle Art. Die eine Weise ist dabei nicht besser oder schlechter als die andere, und daher tut man gut daran, seinen eigenen Weg ganz für sich selbst als ein Wunder – ein eigenes Abenteuer – zu erleben. Man sollte ihn für wichtig, richtig und heilig halten und seine eigenen Erfahrungen niemals mit den Erlebnissen eines anderen vergleichen, denn das würde uns lediglich bremsen in der Bewunderung des eigenen Lebens.

Aber darum geht es, dass wir damit beginnen, unser Leben zu bewundern. Das ist der erste Schritt: unser Leben, wie es ist, wahrzunehmen und ihm Achtung zu schenken, es zu loben, zu preisen und seine Wahrheit zu erkennen. Wenn wir diesen ersten Schritt bewältigt haben, werden wir anfangen, dankbar für unser Leben, für unsere Existenz zu sein. Denke immer daran, es ist dein eigener, persönlicher Weg – es ist dein Leben, es ist deine Entscheidung, es ist dein Abenteuer.

"Für jedes Zeichen der Dankbarkeit öffnet sich ein neuer Weg!", teilte mir eines Morgens meine geistige Lehrerin mit. Somit ist die Dankbarkeit in unseren Herzen der Schlüssel für die Öffnung jeder Tür, hinter der ein neuer Pfad wartet, der uns zu uns selbst führt. Die Dankbarkeit beginnt, die Türen im Außen ebenso wie die Türen im Inneren zu öffnen, wodurch wir anfangen, alles zu empfangen, das schon seit dem Tag unserer Geburt für uns bereitsteht.

Dazu muss sich allerdings zuerst die Fähigkeit anzunehmen entwickeln. Annehmen und Geben entspringen überdies aus derselben Quelle. Wenn wir bereit sind anzunehmen, werden unsere Herzen weit sein, um zu geben – mit Freude zu geben. Es wird uns erfüllen und glücklich machen. Wir kommen in einen Zustand, in dem wir den Wunsch verspüren, uns in einer Sache einzubringen, die dem Kollektiv dient. Wir werden bereit, dem Göttlichen aus unserer eigenen Göttlichkeit heraus zu dienen.

Welchen Sinn hat das Leben, wenn wir nicht bereit sind zu geben? Wie arm kommt mir ein Leben vor, wenn es nur für sich selbst gelebt wird – und wie reich ist es, wenn die Liebe, die wir schenken, vielfach zu uns zurückkehrt. Schon der Stauferkaiser Friedrich II. (1194-1250) nannte ein Indiz für die Vervollkommnung des Menschen den inneren Drang, unaufhörlich dienen zu wollen. Wer sich in seine politischen Dienste begeben wollte, bekam als Auflage, erst einmal ein guter Falkner zu werden. Denn Falken folgen dem Menschen nur dann, wenn dieser fähig ist, in das Einssein mit ihnen zu gelangen, sich ihrer Natur ganz anzupassen und hinzugeben. Wenn er fähig ist, dem Falken das Gefühl zu geben, ein Teil seiner Natur zu sein. Dieses Einswerden mit der Natur eines anderen Geschöpfes zeigt, dass man ein offenes Herz hat, das gekennzeichnet ist durch die Bereitschaft zu dienen.

Eine andere große Persönlichkeit aus der Zeit Friedrichs II. war Franz von Assisi. Auch wenn die Beweggründe des heiligen Franziskus ganz andere waren als die Friedrich II., so verband sie beide doch die unendliche Hingabe zur Natur, das Bestreben, eins zu werden mit der Schöpfung. Das Ziel war die Vervollkommnung des Menschen als dienendes Wesen. Sie erkannten, dass die Vereinigung mit dem Göttlichen durch die Natur der sicherste Weg dazu ist, denn alle Weisheit, alle Wahrheit liegt in der Schönheit, der Vollkommenheit und der Perfektion der Schöpfung. Sie ist reines Bewusstsein. Und somit ist sie eine wunderbare Brücke für uns Menschen, etwas wieder auszugraben, das verschüttet in unseren Herzen schlummert und darauf wartet, erweckt zu werden: das Bewusstsein, das uns alle miteinander in Reinheit, in der wir erschaffen wurden, verbindet. Somit ist die Natur zur Erweckung unseres wahren Seins, unserer Göttlichkeit, der beste Lehrer. Sie ist der beste Verbündete auf dem Weg zu uns selbst – auf dem Weg zum Frieden mit allen Geschöpfen.

Die Natur als unser Lehrer

Willst du nicht dein Herz öffnen
zu hören, was Regenbogen
und Sonne dich lehren?
(Ralph Waldo Emerson)

In der Natur finden wir wahrlich alle göttlichen Qualitäten. Dort herrscht kein Hass, kein Neid, keine Missgunst. In der Natur besteht alles aus Harmonie, Liebe und Schönheit. Wir Menschen sind es, die in diese Ordnung eingegriffen haben, die die Harmonie gestört haben, denn wir haben die Fähigkeit, eigene Entschlüsse zu fassen, eigene Wege durch unseren Willen zu erschließen. Ein Tier dagegen handelt nach seinem Instinkt und im Fluss der göttlichen Ordnung. Es nimmt sich lediglich das, was es zum Leben braucht, es schützt ganz intuitiv sein eigenes Leben und pflegt und fördert das Leben seiner Nachkommen. Seine Fähigkeit, bedingungslos zu lieben, seine Geduld, seine Nachsicht und seine Ausdauer sind Qualitäten, die wir Menschen uns alle wünschen und nach denen wir streben.

Es gibt unendlich viel, was wir von diesen wundervollen Wesen lernen können. Sie sind göttlich, ohne darüber nachzudenken – sie sind es einfach. Das kommt daher, dass sie ihre Göttlichkeit nie verlassen haben, nicht aus dem Paradies gefallen sind, keinen Sündenfall erlebten. Aber wir Menschen verdammen sie, wenn wir ihren Lebensraum zerstören in der illusorischen Annahme, mehr zu brauchen, als nötig ist. Und wir verdammen sie, wenn wir unser menschliches Denken und Handeln auf unsere Haustiere projizieren. Tiere leben in der Einheit allen Lebens, nur wir Menschen nehmen die Welt als eine Aufspaltung in viele verschiedene Teile wahr.

Schamanen aller Kulturen achten und ehren die Tiere. Sie schützen ihr Leben und sind sich darüber bewusst, wie viel Kraft wir Menschen durch sie erhalten. Der Schamane verbindet sich mit seinem Krafttier, das ihm Inspiration und Kreativität schenkt und ihm beim Ausdruck seiner Göttlichkeit hilft. Beim Verbinden mit seinem Krafttier ist es dem Schamanen bewusst, dass er sich mit der Energie der ganzen Gruppenseele des entsprechenden Tieres verbindet, und diese Gruppenseele erhält ihre Kraft aus der natürlichen Art zu leben.

Doch wenn wir den Lebensraum der Tiere zerstören, sie misshandeln und missachten, nehmen wir ihnen die Würde und damit die Stärke in ihrem Dasein. Dies wirkt sich auch auf die Energie des Kraftfeldes aus, und die Folgen werden auch wir innerhalb kurzer Zeit zu spüren bekommen. Alle Menschen stehen in Verbindung mit den Tieren – ob Schamane oder nicht, ob Tierfreund oder nicht. Die Tiere sind unsere Brüder und Schwestern hier auf der Erde, sie leben in demselben Energiefeld wie wir und sind daher eins mit uns. Sie sind sich dessen bewusst, aber viele Menschen haben das Wissen darüber verloren, vergessen oder verdrängt.

Betrachten wir nun die Pflanzen – die Bäume, die Blumen, die Sträucher und die Kräuter. Sie wachsen alle nach oben, sie drängen dem Licht entgegen. Es ist ihr natürlicher Trieb, ohne dies bewusst zu wollen. Es ist das, was alle Wesen anstreben, was der göttlichen Natur entspricht: nach oben, dem Licht zu, immer weiter und weiter.

Betrachten wir also die Natur – die Tiere, die sich leiten lassen von den Energieströmen, die ihren Lebensweg vorgeben. Sie geben sich der göttlichen Ordnung hin, sie vertrauen, zweifeln nie oder hadern mit ihrem Schicksal – tief in ihrem Herzen tragen sie vielmehr das Wissen über das Einsseins.

Schauen wir uns die Blume an, die keine Eitelkeit kennt, obwohl sie in Schönheit erblüht. Sie ist einfach, sie strebt nach oben ins Licht, weil die göttliche Ordnung es so vorgibt. Nur sein und sich selbst verschenken, das ist ihr Lebenssinn. Und das ist genug für sie.

Die Bäume – umgeben von einer Aura der Macht, Kraft und Heilung – streben ebenfalls immer weiter nach oben, dem Licht entgegen. Wenn ich durch den Wald gehe, spüre ich, wie die Bäume sich gegenseitig darin unterstützen, immer höher und größer zu werden. Sie sind eine Einheit, und der eine hilft dem anderen, groß zu sein.

Ich denke auch an die Bäche, die Flüsse. Ich liebe es sehr, am Ufer zu sitzen und dem fließenden Wasser zuzuschauen. Manchmal spricht es zu mir und erzählt von der

Notwendigkeit des Fließens. Nur was fließt, bleibt klar und rein, nur was sich vorwärtsbewegt, kommt irgendwann an. Die Sehnsucht des fließenden Wassers ist die Ausbreitung, das Großwerden im Meer – das Hineinfließen in die Unendlichkeit.

Ich könnte mit diesen Schilderungen über die Natur ewig fortfahren. Überall finden wir die Spiegelung unserer eigenen wahren Existenz, wenn wir nur bereit dafür sind, unsere Augen zu öffnen und die Zeichen zu erkennen.

In allem Leben ist dieser Drang, das Verlangen nach Weiterentwicklung, nach Wachstum, nach der Kraft des Lichts, nach Unendlichkeit. Die Natur kann uns in jeder Hinsicht der beste Lehrer sein. Es ist wunderschön, sich darauf einzulassen und die Natur in all ihren Facetten zu ehren und zu achten. Ebenso können wir sie als Wegweiser und Vorbild für unsere seelische Entwicklung nehmen. Dieses achtsame Entgegenkommen wird sie uns danken, indem wir von ihr Zeichen erhalten, Botschaften empfangen und ihre Liebe spüren dürfen – indem sie uns einlädt, mit ihr zu verschmelzen.

Das Geschenk des freien Willens

Unser Gott, der du unser beflügeltes Ich bist;
dein Wille in uns ist es, der will;
dein Wunsch in uns ist es, der wünscht;
deine Kraft in uns ist es, die unsere Nächte,
die dein sind, in Tage verwandelt, die auch dein sind.
(Khalil Gibran)

Warum glauben wir Menschen nur, getrennt von allem zu sein? Warum glauben wir, als Einzelwesen über den Planeten zu wandeln? Diese Vorstellung ist es, die den Kummer, das Leiden, unsere Ängste, die Einsamkeit und die Trauer in uns hervorruft. Als Ausgleich zu all diesen Leiden, zu diesen Empfindungen hat Gott uns ein Geschenk gemacht, welches wir nicht übersehen dürfen. Er hat uns unseren eigenen Willen geschenkt – und über die Kraft des Willens die Gabe, Schöpfer unseres Lebens zu sein.

Im Gegensatz hierzu haben Tiere keinen eigenen Willen. Sie sind eingebunden in die Natur und werden durch die göttliche Ordnung geleitet. Daher ist ihr Handeln lediglich eine Reaktion auf die Umstände im Fluss der kosmischen Energien. Sie wurden uns an die Seite gestellt, damit wir von ihnen lernen können, damit wir miteinander leben lernen – in der Empfindung der Harmonie der Einheit. Die Tiere zeigen uns, auf welche Weise dies möglich ist, aber den Weg dorthin müssen wir selbst finden. Den finden wir, indem wir unseren Blick unaufhörlich auf die göttlichen Gesetze richten, die die Liebe, den Frieden und die Harmonie beinhalten.

Die Verantwortung liegt also allein bei uns, wie wir die Welt gestalten – wir entscheiden, ob wir weiterhin Kriege zulassen, Umweltzerstörung, Neid und Hass. Es liegt in unserer Hand, denn wir können entscheiden, wir können erschaffen, wir sind die Schöpfer des Friedens auf Erden. Mit diesem übermächtigen Geschenk wurde uns eine Verantwortung in die Hände gelegt, die uns möglicherweise oft sehr groß und nicht erfüllbar erscheint. Das könnte durchaus sein. Aber nur, wenn wir als Einzelperson darüber nachdenken; dann erscheint es so, als wäre es wirklich nie zu bewältigen.

Wenn wir solche Gedankengänge hegen, ist dies lediglich ein Zeichen dafür, dass wir uns noch immer getrennt von der Einheit wahrnehmen. Das Schöpfertum ist jedoch eine Aufgabe, die wir gemeinsam bewältigen, gemeinsam angehen müssen. Wir sind eine Einheit. Werden wir uns dieser Einheit bewusst, müssen wir uns vor der Aufgabe mit Sicherheit nicht mehr fürchten. Wir wissen dann einfach, dass es möglich ist, den Frieden und die Liebe auf unseren Planeten einzuladen und zu verwirklichen.

Ich sehe nur den einen Weg, dass wir alle unseren Blick auf die lichte Seite des Lebens richten – so wie die gesamte

Natur es tut. Arbeiten wir an der Wahrnehmung, die uns das Bewusstsein der Einheit bringt. Das ist das Ziel, nach dem die tiefste Tiefe der Seele verlangt. Mit dem Bewusstsein des Einsseins verschwindet das Gefühl der Leere, der Einsamkeit, des Mangels. Wir nehmen wahr, dass wir zusammengehören, und in diesem Alleinen ist alles enthalten, was wir brauchen. Dann kehrt ein Friede ein, der uns beflügelt und erhebt, der uns die Welt umarmen und uns die Liebe des Universums fühlen lässt.

Die Retter unseres Planeten

Im Herzen eines Menschen ruht
der Anfang und das Ende aller Dinge.
(Lew Nikolajewitsch Graf Tolstoi)

Vor einigen Jahren lebte in meinem Nachbargarten ein großes braunes Huhn. Es war sehr allein. Da ich in meinem Leben die Einsamkeit schon bis in die tiefsten Gründe erlebt habe, meldete sich sofort das Mitgefühl in meinem Herzen. So begann ich, mich jeden Morgen für einige Zeit an den Gartenzaun zu setzen, um dem Huhn Gesellschaft zu leisten. Ich erzählte ihm, wie schön seine Federn in der Sonne glänzten, wie strahlend seine Augen waren, wie viel Güte ich in seinem Herzen sehen konnte und wie sehr ich es liebte. Die Henne antwortete nie, aber sie stand auf der anderen Seite des Zaunes und hörte mir immer aufmerksam zu. Oft wartete sie schon sehnsüchtig am Zaun, bis ich kam, und zwischen uns entwickelte sich eine wundervolle Freundschaft.

So vergingen drei Wochen, in denen ich täglich auf dem Boden saß, um meiner Freundin etwas über die Schönheit ihres Daseins zu erzählen. Aber eines Morgens war sie nicht da, und ich wartete vergeblich, dass sie hinter den Büschen auftauchen würde. Als sie auch an den beiden folgenden Tagen nicht erschien, setzte ich mich alleine an den Zaun, schloss meine Augen und fragte: "Wo bist du?" Sofort spürte ich ihre sanfte Präsenz, und sie antwortete: "Ich bin tot. Meine Besitzerin hat mich getötet, weil sie mich essen wollte." Ich fragte sie, ob dies okay für sie sei. Sie sagte: "Nein, das ist es nicht. Meine Aufgabe war es nicht, Nahrung für die Menschen zu sein. Ich hatte eine andere Aufgabe, aber jetzt ist es zu spät. Ich sollte die Welt retten. Und auch deine Aufgabe ist es, die Welt zu retten."

Ich war verwundert über diese Antwort und konnte nicht verstehen, was damit gemeint sein sollte. Also hakte ich nach: "Was meinst du damit? Wie könnte ich die Welt retten?" "Die einzige Möglichkeit, die Welt zu retten, besteht darin, die Herzen der Menschen zu berühren. Ich war hier, um das Herz meiner Besitzerin zu berühren, aber bevor ich ihr Herz erreichen konnte, hat sie mich getötet. Jetzt ist es zu spät. Viele Seelen sind auf die Erde gekommen, um den Planeten zu retten. Sie leben in unterschiedlichen Formen – in Menschen, in Tieren und in Blumen. Ich wünschte, die Menschen würden lernen, dies wahrzunehmen."

Die Botschaft meiner gefiederten Freundin habe ich nie vergessen. Sie hat damit mein Herz berührt und mich zum Nachdenken gebracht. Was hindert uns daran, mit dem Vorsatz durchs Leben zu gehen, unser Herz zu öffnen, um die Menschen zu berühren und damit zum Retter unserer Welt zu werden? Es könnte der erste Schritt auf dem Weg zur

Einheit sein, eine Berührung auf der emotionalen Ebene, die uns zeigt, dass wir alle die gleichen Träume, Wünsche und Sehnsüchte haben – vielleicht immer noch tief verborgen, aber dennoch sind sie da. Und wenn wir uns erlauben, unsere Herzen berühren zu lassen und auch andere zu berühren, lassen wir unsere Gefühle frei und lernen uns selbst besser kennen. Denn nur was wir kennen, lernen wir lieben.

Meine kleine Freundin konnte mein Herz berühren, und wenn ich dadurch nun bewusster durch mein Leben gehe und es schaffen kann, auch die Herzen anderer Menschen zu berühren, so hat sie nicht umsonst gelebt und trotz ihres zu frühen Todes einen Teil zur Rettung des Planeten beigetragen. Wie sehr wünsche ich mir, ihr dieses Geschenk machen zu können.

Das Wichtigste auf unserem Weg

Stärke wächst nicht aus körperlicher Kraft –
vielmehr aus unbeugsamem Willen.
(Mahatma Gandhi)

Nur wenn wir uns selbst kennen, erkennen wir den anderen und werden feststellen: Tief in unserem Inneren besitzen wir alle den gleichen Kern, der wie eine aufgehende Sonne die Welt überstrahlt. Dies ist der Geist des Göttlichen, unser wahres Sein, das uns miteinander verbindet. Es lässt uns mit der gesamten Schöpfung, mit allem, was lebt, eins sein. Beschreiten wir den Pfad zur aufgehenden Sonne in unseren Herzen, erleben wir die Liebe, die kein Leiden kennt. Machen wir aus unserem Leben einen heiligen Tempel, in dem Wunder geschehen! Wenn wir erkennen, dass unser Leben heilig ist, werden wir das Leben eines jeden Wesens als heilige Offenbarung wahrnehmen.

Machen wir uns also auf den Weg, um zu finden, was wir glauben, verloren zu haben. In Wirklichkeit aber schlummert es immer noch in uns und wartet voller Sehnsucht darauf, wieder ausgegraben zu werden. Wir haben es zugeschüttet mit der Illusion der Trennung und allem, was dieser Irrweg uns aufgeladen hat.

Schon der Weg an sich ist eine Freude, wenn man bei jedem Schritt, den man tut, die Wahrheit in sich spürt. Wie das Aufflackern einer Kerze in der Dunkelheit bringt uns dieser Funken der Freude das Glück in unser Leben – sobald wir beginnen, die Wahrheit zu erkennen. Diese Glücksgefühle, die uns immer wieder durchdringen, lassen uns voranschreiten. Sie sind das Strahlen in unseren Augen. Sie sind die Hoffnung auf unserem Weg durch die Heiligkeit unseres wunderbaren Lebens.

Niemand wird allerdings behaupten können, dass dieser Weg immer leicht und bequem ist. Zwischen dem Aufflackern der Freude durchleben wir auch Dunkelheit, tasten uns voran und werden geplagt von Unsicherheit, Verzweiflung und Trauer. Die erste Strecke des Weges denken wir vielleicht immer wieder daran umzukehren. Aber was dann? Was machen wir, wenn wir wieder an unserem Ausgangspunkt ankommen? Was uns dort erwartet, kennen wir bereits. Es hat uns weder den inneren Frieden gebracht noch hat es unser Leben erfüllt. Also: Warum sollten wir umkehren?

So drängt uns unsere Seele dazu weiterzugehen – immer weiter und weiter, bis uns zum ersten Mal der Funke durchströmt. Das ist der Augenblick, in dem wir wissen, dass wir auf dem richtigen Weg sind. Nun gibt es keinen Zweifel mehr, wir wollen nur noch weiter. Und wenn die Dunkelheit uns wieder einholt, können wir uns gewiss sein: Sie kommt – und sie geht auch wieder. Die Dunkelheit hilft uns daneben, den richtigen Weg zu finden. In dieser Zeit gehen wir langsamer, um keinen Fehltritt zu tun. Manchmal kommt es uns vielleicht auch vor, als würden wir anhalten. In diesem scheinbaren Stillstand können wir uns besinnen und beginnen, uns selbst zu überprüfen. Wir sehen, was wir loslassen müssen, bevor wir den nächsten Schritt tun können, der uns wieder das Licht in unser Leben bringt.

Wenn wir uns auf unseren Weg begeben, werden wir nicht nur Zeiten der Dunkelheit durchstehen müssen, sondern auch einigen Hindernissen begegnen, das ist nicht zu leugnen. Unser Ego ist hartnäckig und wird uns immer wieder Stolperfallen in den Weg legen. Aber der Ruf unserer Seele ist stärker. Er wird aktiviert durch unsere Sehnsucht, aufgerichtet durch unseren Willen, das Beste erreichen zu wollen, und umgesetzt durch unser Vertrauen, unsere Geduld und unsere Ausdauer. Somit sehe ich die Sehnsucht, den Willen, das Vertrauen, die Geduld und die Ausdauer als wichtige Werkzeuge auf unserem Weg. Sie sind die Wurzeln, die uns Halt und Kraft geben, immer weiter und weiter nach oben zu wachsen, damit wir uns dem Licht entgegenstrecken können und dadurch den Himmel berühren.

Wie das Wachstum und die Größe eines Baumes abhängig sind von der Kraft seiner Wurzeln, so ist auch unser Großwerden abhängig von der Kraft unserer Sehnsucht, unseres Willens, unseres Vertrauens, unserer Geduld und unserer Ausdauer.

Die Sehnsucht

Die Sonne lehrt alle Lebewesen die Sehnsucht
nach dem Licht. Doch es ist die Nacht,
die uns alle zu den Sternen erhebt.
(Khalil Gibran)

Sehnsucht ist ohne Liebe undenkbar. Die Liebe ist es, die uns vorantreibt und die die Sehnsucht in uns entstehen lässt, uns wieder mit dem zu vereinen, was wir vermissen – weil wir es lieben. Die Sehnsucht nach Liebe ist die Kraft, die uns zusammenführt und miteinander verbindet. Im höchsten Sinne ist es die Vereinigung des Menschen mit Gott. Vereinigung ist Ganzheit – Ganzheit ist Heilung. Das ist es, was wir ersehnen: ganz zu werden, um dadurch heil zu sein. Die Vereinigung mit unserer göttlichen Seite führt uns zur Vereinigung mit dem ganzen Universum. Es ist ein Begreifen des Mikrokosmos in der Verschmelzung mit dem Makrokosmos.

Gott liebt uns und sehnt sich danach, dass wir uns auf den Weg machen, um ihn zu finden und eins mit ihm zu werden. Deshalb hat er uns das Gefühl der Sehnsucht geschenkt, das uns vorantreibt auf der Suche nach der Ganzheit, der Vereinigung, der endlosen Liebe. Diese Liebe ist der Vermittler zwischen den Menschen und Gott, sie schließt die Kluft zwischen dem Irdischen und dem Himmlischen.

So tragen wir alle die Sehnsucht nach Liebe in unseren Herzen. Mit dieser Sehnsucht gehen wir durch das Leben und sind uns dessen oft nicht einmal bewusst. Sobald wir aber eine schöne Blume entdecken oder ein mächtiges Gebirge, das sich vor uns erhebt, sobald wir von einem glühenden Sonnenuntergang in den Bann geschlagen werden oder das Strahlen in den Augen eines Kindes sehen, beginnt dieser Teil in unserer Seele, sich zu bewegen. Wir sind bewegt von der Schönheit des Göttlichen, spüren die Resonanz und beginnen, die Sehnsucht in uns zu fühlen, selbst göttlich zu sein.

Die Sehnsucht ist der Wunsch, in einen Urzustand zurückzukehren, der tief in unserem Inneren verankert ist. Wir beginnen, uns an ihn zu erinnern, sobald wir mit dem Göttlichen auf Erden in Berührung kommen. Dann wird die Sehnsucht erweckt und treibt uns voran. Ohne sie würden wir nicht einmal den ersten Schritt in irgendeine Richtung tun. Alles beginnt mit der Sehnsucht. Durch sie entsteht Bewegung in unserem Leben. Jedem Tun geht demnach eine Sehnsucht voraus, und je größer sie ist, umso mehr Kraft und Initiative entwickeln wir, um ein Ziel zu erreichen, und umso mehr sind wir bereit, uns zu bemühen und uns hinzugeben. Die Sehnsucht ist eine schöpferische Kraft. Sie weckt in uns die Kreativität auf unserem Weg zum Ziel.

Dabei muss uns bewusst sein, dass wir nach oben streben, nach oben und immer weiter nach oben – wie die Bäume und Blumen es tun. Es ist unendlich wichtig, uns nicht von dieser Richtung abbringen zu lassen. Wir können nicht die Sehnsucht mal hierhin und mal dorthin richten und uns dann darüber wundern, dass wir in unserem Bestreben nicht vorankommen. Das einzige Ziel unserer Sehnsucht sollte die Vereinigung mit dem ewigen Licht, mit der grenzenlosen Liebe sein. Das gemeinsame Sehnen nach diesem Ziel verändert den Lauf der Dinge und schenkt der Welt den Frieden.

Sobald wir dieses Bewusstsein erreicht haben, wächst in uns die aufrichtige Sehnsucht, die schon bald so stark wird, dass sie uns den ganzen Tag lang begleitet. Alles Denken und Tun beinhaltet die Sehnsucht nach der Öffnung der Tore, hinter denen wir den wahren Sinn des Daseins erfahren.

Der Wille

Es muss die ursächliche Kraft der Liebe
hinter jeder Anstrengung stecken,
die erfolgreich sein soll.
(Henry David Thoreau)

Doch was nutzt die Sehnsucht, wenn wir in uns nicht auch den Willen spüren, dieser Sehnsucht zu folgen? Sie scheint uns wirklich als Urmuster in unsere Seele gepflanzt worden zu sein. Jedoch der Wille hat seine Entstehungsgeschichte auf einer ganz anderen Ebene. Hier liegt es nun an uns Menschen, inwieweit wir den Willen entfalten, wachsen lassen und stärken.

Es gibt nichts, was wir nicht erreichen könnten. Schauen wir uns die Menschheitsgeschichte an: Wie einfach lebten die ersten Menschen – und wie technisch hochentwickelt sind wir heute. Diese Entwicklung konnte nur geschehen, weil es immer wieder Menschen gab, die den Willen in sich trugen, ihre Ideen umzusetzen, um ihre Ziele zu erreichen. Heute kann der Mensch viele Meter weit unter Wasser tauchen und noch viel höher durch die Lüfte fliegen – welch unglaubliche Errungenschaften, die sich vor wenigen hundert Jahren noch niemand vorstellen konnte.

Alle diese Menschen, die Unmögliches möglich gemacht haben, waren getrieben von einem Willen, einer Überzeugung, einer Leidenschaft für ihre Idee. Mit einer solchen Kraft in unserer Seele ist alles möglich. Mit einer solchen Kraft können wir auch unsere Herzen öffnen, unseren Geist ausrichten und lernen zu fliegen – bis über alle Horizonte hinaus. Unser Bewusstsein lässt sich in ungeahnte Höhen und nie gesehene Tiefen ausdehnen. Wenn wir von etwas überzeugt sind und die Leidenschaft in uns nähren, dann wird unser Wille sich ausbilden – und unser Bewusstsein stellt jedes Flugzeug und jede Rakete in den Schatten.

Es ist das Feuer in uns, das unseren Willen entfacht und ihn zum Leben erweckt.

Der Brennstoff des Feuers besteht aus dem Glauben, unser Ziel erreichen zu können, der klaren Vorstellung und der Überzeugung, dass das Erreichen unseres Zieles ein positives Ergebnis bringt. Diese Aspekte sind alle entscheidend, aber der wichtigste ist der Glaube. Ohne den Glauben an die Sache würden wir keinen Sinn darin erkennen, überhaupt etwas zu wagen. Der Glaube ist der Funke, der das Feuer entfacht – der Funke des Göttlichen, der bei der Entwicklung unseres Willens alles erhellt. Er bringt Licht in die Absicht und erleuchtet den Weg. Durch ihn ist es möglich, das Ziel deutlich zu erkennen. Manchmal scheint es, als würde dieser Funke uns dem Ziel richtiggehend entgegentragen. Der Glaube schenkt Hoffnung und Zuversicht für das Erreichen unseres Ziels. In dieser ausgeglichenen Kraft können wir, ohne verunsichert zu sein, mit Vertrauen voranschreiten; wir wissen, dass wir ankommen werden.

Wenn wir etwas aber zwanghaft verfolgen, dann endet dies irgendwann in begehrendem Wünschen – das uns aus unserer Zentrierung und damit aus unserer Kraft herausholt. Emotionen leiten uns in Stimmungen. Sie führen uns dahin und dorthin – mal sind wir euphorisch, mal entmutig. Es ist wichtig, sich über diese gefühlsmäßigen Berg- und Talfahrten zu erheben, um wirklich in uns selbst anzukommen. Wenn wir tief in uns angekommen sind, werden Emotionen uns nicht mehr beherrschen können. Wir haben dann unsere Kraft gefunden, derer wir uns bedienen können, um unseren Willen in die richtige Richtung zu lenken. Nicht wir werden dann geleitet, sondern wir sind es, die aus unserer Göttlichkeit heraus leiten.

Begehrendes Wünschen bringt uns in einen inneren Zwang, der uns häufig am Ziel vorbeischießen lässt. Deshalb ist es wichtig, sich immer und immer wieder der inneren Kraft zuzuwenden. Nur ein paar Minuten täglich, die wir natürlich beständig ausdehnen können, helfen uns, die Mitte zu finden, uns über sie bewusst zu werden und zu spüren, wie viel Ruhe und Frieden in uns ist. Machen wir uns also auf den Weg, um durch die Meditation in die Tiefe unseres Geistes zu gelangen und dort unseren starken Willen zu finden.

Wenn wir die Augen schließen, schalten sich als Erstes unsere Gedanken ein. Sie versuchen, uns zu beschäftigen, unser Bewusstsein wieder ins Außen zu bringen, uns daran zu hindern, nach innen zu gehen. Nun müssen wir sie beruhigen –

sie nicht verdammen oder versuchen, sie zu bekämpfen, sondern sie besänftigen. Erst dann können wir in unseren inneren Raum eintreten.

Wenn eure Gedanken euch in der Meditation ablenken wollen, dann nehmt sie wahr, aber lasst nicht zu, dass sie euch beschäftigen und aus dem Hier und Jetzt tragen. Verabschiedet euch von euren Gedanken und sagt ihnen, dass es jetzt nicht an der Zeit sei, über etwas nachzudenken. Stellt euch vor, wie sie wie Wolken am Himmel vom Wind weggetragen werden. So wie die Gedanken nacheinander auftauchen, werden sie auch schon wieder weggetragen ...

Dann konzentriert euch auf euren Atem, der die Kraft in euch sammelt. Mit jedem tiefen Atemzug werdet ihr kraftvoller. Ihr atmet die Kraft förmlich in euch ein, bis sie euer ganzes Sein ausfüllt – Kraft ist Licht, Kraft ist Liebe.

Dies ist der Weg zu euch selbst. Lasst alles vom Wind wegblasen, das euch von eurem wahren Sein, eurer Kraft und eurer Liebe trennt. Spürt, wie der Wille in euch wächst und stark wird – der Wille, der nun bereit ist, sich der Liebe zuzuwenden. Spürt, wie sich die Liebe in euch ausbreitet, wie sie euer ganzes Sein erfüllt.

Wenn wir uns nun zentriert und mit gesteigertem Willen wieder dem Alltag zuwenden, kann es sehr schnell geschehen, dass wir das Gefühl haben, von den Ereignissen, der Routine und der Hektik überrollt zu werden. Jedoch sollten wir uns während des Tages immer wieder bewusst machen, dass es an uns liegt, den Willen unaufhörlich zu kräftigen. Es ist hilfreich, sich selbst zu beobachten, sich selbst klar darüber zu sein, was wir denken und wie wir handeln. Immer

wieder können wir den Willen schulen, indem wir uns zurecht-
rücken und ermahnen, aufmerksam und achtsam zu sein.

Dabei geht es nicht darum, uns gnadenlos zu kontrollie-
ren und uns, wenn etwas nicht so gut läuft, zu verurteilen.
Dies würde uns nicht weiterbringen, sondern treibt uns in
das Gefühl der Schuld und des Versagens. Schuld und Versagen haben allerdings sehr niedere Schwingungen, aus denen
wir uns danach wieder nach oben arbeiten müssen. Also lassen wir es am besten erst gar nicht zu, dass wir dort hinein-
stürzen. Sollten wir uns dabei ertappen, etwas gedacht oder
getan zu haben, was uns selbst oder andere verletzen könnte
und uns somit von unserem Weg wegführt, ist es wichtig,
dies einfach nur wahrzunehmen – ganz objektiv und ohne
Wertung. Wir müssen nichts bewerten. Wichtig ist es aber,
dass wir es wahrnehmen und danach sofort wieder in unser
Herz zurückkehren, um in der Kraft unserer Liebe anzukommen. Sind wir dort angekommen, spüren wir die Liebe für
das Leben und versuchen, die Situation noch einmal aus der
Sicht der Liebe zu betrachten. Anfangs mag dies schwer erscheinen, aber mit Bewusstheit und Übung wird es nach einiger Zeit jedem gelingen. Denn letztendlich ist es der Wille,
der dem Bewusstsein Kraft verleiht.

Das Vertrauen

Zwei Dinge verleihen der Seele am meisten Kraft:
Vertrauen auf die Wahrheit und Vertrauen
auf sich selbst.
(Lucius Annaeus Seneca)

Vertrauen basiert auf der Sicherheit, dass Vorkommnisse einen positiven beziehungsweise erwarteten Verlauf nehmen. Dabei gibt es zwei Arten von Vertrauen. Einmal das Vertrauen zu sich selbst und einmal das Vertrauen, das man anderen entgegenbringt. Beide sind eng miteinander verbunden und im Grunde nicht voneinander zu trennen.

Sind wir bereit, anderen zu vertrauen, so können wir unser Herz ohne Angst in der Begegnung mit ihnen öffnen. Dies sendet eine Energie aus, die auch uns vertrauenswürdig erscheinen lässt – Menschen, die vertrauen, wird vertraut. Wenn wir fähig sind, unser Herz in jeder Situation zu öffnen, ist dies ein Zeichen, dass wir keine Verletzung fürchten, dass wir uns selbst vertrauen – unserer Kraft vertrauen. Wenn uns das gelingt, haben wir das Bewusstsein erreicht, dass uns niemand etwas anhaben kann und dass Verletzungen uns nicht erreichen, wenn wir selbst es nicht zulassen.

Je mehr wir in dieser Gewissheit leben, umso weniger fürchten wir uns davor, offen auf andere Menschen zuzugehen. Wir treten ihnen mit Vertrauen entgegen – was auch heißt, dass wir uns selbst vertrauen. Wir vertrauen darauf, dass wir die Liebe in unserem Herzen aufrechterhalten können – ganz gleich, was geschieht. Damit geben wir uns selbst die besten Chancen, wunderbare Begegnungen und Erlebnisse in unser Leben einzuladen. Wir haben das Vertrauen, unser Leben meistern zu können.

Je mehr Vertrauen wir zu uns selbst haben, umso gelassener können wir durch die Welt gehen. Alles ist leichter, weil wir bereit sind, uns in den Fluss des Lebens zu begeben. Wir bringen der Welt Vertrauen entgegen, den Menschen, Situationen und Geschehnissen, denn nichts kann uns verletzen, wenn wir es nicht wollen.

Es ist ein wichtiger Schlüssel auf unserem Weg – Vertrauen zu uns selbst, Vertrauen in eine Macht, die uns alles zur Verfügung stellt, was wir brauchen, um ein gutes und erfülltes, ein wertvolles Leben leben zu können. Es ist wichtig, uns bewusst zu machen, dass diese Möglichkeit in jedem von uns steckt. Entdecken wir diese Möglichkeiten und öffnen wir uns der Macht des Universums, wird das Universum uns alles zuführen, was wichtig für uns ist. Wovor sollten wir uns dann noch fürchten? Und warum sollte uns jemand Misstrauen entgegenbringen, wenn wir selbst ihm mit offenem, vertrauensvollem Herzen begegnen? Wir hüllen ihn ein in die Freude und Liebe dieser Begegnung. Dies wird jeden entwaffnen.

Es kann eine tägliche Übung sein, sich ganz bewusst anderen Menschen gegenüber zu offenbaren. Nehmen wir bewusst wahr, auf welche Weise wir den Menschen gegenübertreten, nehmen wir uns selbst wahr – unsere Haltung, unsere Gedanken und Gefühle. Versuchen wir nicht, einen Schritt zurückzutreten, sondern einen Schritt nach vorne. Indem wir uns innerlich vorstellen, den Schritt vorwärtszugehen, atmen wir tief und bewusst ein und können unser Herz in dieser Bewegung öffnen. Auch dies kann uns anfangs seltsam, ungewohnt und schwierig erscheinen, aber wenn wir es zur Gewohnheit werden lassen, fällt es uns leichter und leichter – und irgendwann wird es eine ganz selbstverständliche innere Bewegung, die kein Nachdenken mehr erfordert, weil sie ganz von selbst geschieht.

Durch diese Übung begeben wir uns auf einen Pfad, der uns lehrt, die Vielfalt des Lebens anzunehmen. Wir lernen, uns selbst zu lieben – und damit auch unser Gegenüber mit all seinen Eigenarten. Annahme kann sich weder in der Vergangenheit noch in der Zukunft abspielen. Sie geschieht jetzt, in diesem Augenblick, und bringt uns ins Hier und Jetzt, ins Glücklichsein.

Misstrauen ist immer ein Zeichen von Angst, doch Angst sollte nicht in unseren Herzen sein. Unsere Herzen sollten glühen in Liebe – und Vertrauen ist die Liebe zum Gegenüber. Indem wir in uns die Qualität des Vertrauens fördern und trainieren, werden wir mehr und mehr Selbstvertrauen erhalten. Dieses Selbstvertrauen ist eine sehr wichtige Stütze auf dem Weg der Seele zur Vereinigung mit unserem wahren Sein – mit unserer Göttlichkeit. Wir werden bewusst, wir werden selbstbewusst auf unserem Weg und beginnen sehr bald zu wissen, dass wir den Pfad zur inneren Ganzheit meistern werden.

Dass das Vertrauen zu uns selbst abhängig ist von der Bestätigung und dem Lob anderer, ist eine Illusion. Wir alle sind fähig, Selbstvertrauen zu trainieren und zu fördern, indem wir die Verantwortung für unser Handeln übernehmen. Durch eine bewusste Wahrnehmung unseres Verhaltens, durch das Öffnen unseres Herzens und durch persönliche Integrität werden wir zu offenen, strahlenden Menschen, die Vertrauen schenken und dasselbe im anderen erkennen.

Es ist ein Sichhingeben. Wir geben uns hin, wir geben uns dem göttlichen Sein unseres Gegenübers hin, wir offenbaren uns. In dieser Offenbarung machen wir einen Schritt hin zur Verschmelzung mit dem Göttlichen in uns und dem Göttlichen im anderen. Wir kommen ganz im Herzen an, verlassen unseren Kopf und unsere Ängste, was alles geschehen könnte, wenn wir uns öffnen, welche Enttäuschungen, welche Verletzungen, welche Demütigungen uns treffen könnten, denn daran brauchen wir nicht mehr zu denken. Lassen wir einfach nur diese eine Wahrheit zu – wir lieben das Leben und das Leben liebt uns! Damit kommen wir in der Oase unseres Herzens an, die jedem zu trinken gibt, der danach verlangt, und die uns ein Leben in Vertrauen schenkt.

Die Geduld und die Ausdauer

Wer Geduld sagt, sagt Mut, Ausdauer, Kraft.
(Marie von Ebner-Eschenbach)

Es war einmal ein junger Bauer, der wollte seine Liebste treffen. Er war ein ungeduldiger Geselle und viel zu früh am Treffpunkt. Er verstand sich schlecht aufs Warten. Er sah nicht den Sonnenschein, nicht den Frühling und nicht die Pracht der Blumen. Ungeduldig warf er sich unter einen Baum und haderte mit der Welt. Da stand plötzlich ein graues Männlein vor ihm und sagte: "Ich weiß, wo dich der Schuh drückt. Nimm diesen Knopf und nähe ihn an dein Wams. Und wenn du auf etwas wartest und dir die Zeit zu langsam vergeht, dann brauchst du nur den Knopf nach rechts zu drehen, und du springst über die Zeit hinweg bis dahin, wohin du willst."

Der junge Bauer nahm den Zauberknopf und drehte – und schon stand die Liebste vor ihm und lachte ihn an. Er drehte abermals – und schon saß er mit ihr beim Hochzeitsschmaus. Da sah er seiner jungen Frau in die Augen und

dachte: "Wenn wir doch schon allein wären!" – "Wenn unser
neues Haus doch schon fertig wäre!" Und er drehte immer
weiter ... "Jetzt fehlen uns noch die Kinder!" Und er drehte
an dem Knopf. Immer wieder kam ihm etwas Neues in den
Sinn, und er konnte es nie erwarten. Er drehte und drehte,
dass das Leben nur so an ihm vorbeisprang – und ehe er
sich's versah, war er ein alter Mann und lag auf dem Sterbe-
bett. Nun merkte er, dass er schlecht gewirtschaftet hatte.
Sein Leben war an ihm vorbeigerauscht, und er erkannte, dass
auch das Warten einen Wert hat. Und er wünschte sich die
Zeit zurück. (Frei nach Heinrich Spoerl (1887-1955), deut-
scher Dichter)

Geduld ist eine Tugend, die jedem Menschen viele wundervolle Geschenke macht. Menschen mit Geduld gehen we-
sentlich gelassener durchs Leben, sie erkennen die Schönheit
um sich herum, weil die Zeit nicht ihr Feind ist; sie haben
sie sich vielmehr zum Freund gemacht. Geduld haben heißt,
im Augenblick angekommen zu sein und die Schönheit des
Moments wahrzunehmen. Wir erleben, wie viel Ruhe uns die
Zeiten geben, die leer zu sein scheinen.

Die heutigen Zeiten sind hektisch, stressig und mit Ter-
minen überfüllt. Wir rennen dahin und dorthin. Werden wir
dann plötzlich in unserer Eile gestoppt, haben wir das Gefühl,
Zeit zu vergeuden. Wir stehen an der Kasse im Supermarkt,
wir stehen an der roten Ampel, wir stecken im Verkehr fest.
Welche schönen Momente gehen uns verloren, wenn wir nun
ungeduldig werden. Wir füllen uns mit Ärger, und Wut steigt
in uns auf, wir werden nervös. Damit nehmen wir uns die
Zeit, in der wir durchatmen und zur Ruhe kommen könnten.

Genießen wir doch die Minuten der Ruhe, die uns gegeben wurden. Wenn wir uns klar machen, dass wir an der momentanen Situation ohnehin nichts ändern können, sollten wir uns freuen über diese Minuten der Ruhe.

Ich liebe es, in der Schlange an der Supermarktkasse zu stehen, habe ich doch nun endlich einmal Zeit, die Menschen um mich herum bewusst wahrzunehmen. Diese Momente nutze ich grundsätzlich dazu, alle diese Menschen zu segnen. Ich gebe der alten Frau, der das Stehen schwerfällt, den Vortritt und segne sie innerlich. Ich segne die gestresste Mutter mit ihrem weinenden Kind auf dem Arm, ich segne die jungen Leute hinter mir, die ihr Leben noch vor sich haben. Und so verbringe ich die Zeit, indem ich mein Licht und meine Liebe allen um mich herum schenke. Langsam komme ich immer näher und näher an die Kasse, und die Kassiererin strahlt mich freundlich an. Ich wundere mich über ihre unerwartete Freundlichkeit, denn ich war mit meinem Segnen noch gar nicht bei ihr angekommen, doch dann wird mir bewusst, dass sie mein Licht über die Menschen, die ich bereits gesegnet habe, erreicht hat. Bevor ich mich von ihr verabschiede, bekommt auch sie noch meinen Segen. Ich verlasse den Supermarkt mit einem Leuchten in meinem Herzen, denn das Lächeln der Verkäuferin hat mich verzaubert.

Zeit kann uns leer und sinnlos erscheinen, wenn wir urplötzlich in unserem Tun gebremst werden. Aber es liegt an uns, wie wir diese Leere füllen. Gelegenheiten dazu gibt es immer. Ich habe es mir zur Gewohnheit gemacht zu segnen. Hilfreich ist es auch zu beten, wenn Unruhe oder Ungeduld in uns auftauchen. Konzentrieren wir uns auf ein Gebet, haben wir keine Zeit mehr, uns zu ärgern.

Ich reise meistens mit dem Zug, und immer wieder kommt es vor, dass er Verspätung hat. Ich freue mich darüber, denn jetzt ist mir die Zeit geschenkt worden, um zu meditieren. Auch die Reise im Zug wird mir nie zu lang. Endlich kann ich lesen, ohne dass mich jemand unterbricht. Ich kann die Schönheit der vorbeiziehenden Landschaften genießen. Und wenn wir durch eine Stadt fahren, denke ich an die Menschen, die in den Häusern leben, die glücklich und auch mal traurig sind – genauso wie ich. Dann fühle ich mich mit ihnen verbunden, als würde ich sie kennen, ohne sie jemals zu Gesicht bekommen zu haben.

Es gibt unendlich viele Möglichkeiten, Zeit sinnvoll oder einfach nur schön auszufüllen. Ich bin sicher, wenn wir fähig werden, diese Momente geduldig anzunehmen und sie zu nutzen, wie unser Herz es verlangt, dann geben wir damit unserer Seele Nahrung – Nahrung in Form von Ruhe, Frieden und Gelassenheit. Ungeduld bringt uns ohnehin lediglich Stress, Nervosität und Unruhe. Unser Puls beschleunigt sich, und damit verändert sich unsere Hirnaktivität und vermindert unsere Leistungsfähigkeit. Dies kann bedeuten, dass wir selbst einfachen Aufgaben in unserem Alltag nicht mehr gewachsen sind, uns schneller überfordert fühlen und den Blick fürs Wesentliche verlieren. Geduld ist daher ein wirksames Heilmittel gegen jeglichen Stress im Alltag.

Es ist nahezu unmöglich, etwas zu erzwingen, für das die Zeit noch nicht reif ist. Wir müssen mit der Zeit gehen und nicht glauben, sie beherrschen zu können. Damit meine ich nicht die Zeit der Uhr. Ich meine die Zeit unseres Lebensplans. Wenn wir uns somit im Alltag in Geduld üben, wird dies auch einen positiven Effekt auf die Entwicklung unserer Seele haben. Auch hier sollten wir geduldig sein und uns nicht mit anderen vergleichen oder immer schon weiter sein wollen, als wir momentan sind. Es ist besser, warten zu können, als ständig etwas zu erwarten. Im geduldigen Warten geschieht unendlich viel. Niemals stehen die Energien still. Meditationen, in denen wir im Raum des Nichts ankommen, in dem nur Leere ist, in dem keine Gedanken und keine Bilder unseren Geist trüben – in diesen Meditationen ist alles enthalten. Hier wird der Nährboden geschaffen für jegliches Vorankommen.

Lassen wir unsere Erwartungen los und begeben wir uns in die Geduld des Wartens, wird uns alles entgegeneilen – schneller als gedacht. Etwas erzwingen zu wollen nach dem Motto "Ich will alles – und zwar sofort!", wird keinen Segen bringen, sondern uns auf Irrwege führen, weil wir vor lauter Ungeduld und Stress alles in uns durcheinanderwirbeln.

Stellen wir uns vor, wir pflanzen ein Blümchen. Wir hacken den Boden auf, machen ein Loch und legen den Samen hinein. Täglich gießen wir den Samen, die Sonne spendet ihre Wärme und die Erde die Ruhe für die Entwicklung des Sprösslings. Wenn wir geduldig sind, werden wir uns freuen, wenn die erste grüne Spitze aus der Erde herausschaut. Wir werden warten, aber nichts erwarten. Und dann eines Tages wird unser Herz vor Freude tanzen, wenn die Knospe blüht. Sind wir aber ungeduldig und graben den Boden immer wieder auf, um nachzusehen, ob der Samen schon keimt, wird daraus wohl nie eine schöne Blume - oder eine, die sich krumm und schief aus der Erde herausplagt, weil ihr keine Geduld geschenkt wurde. Ihr wurde die Chance genommen, strahlend zu erblühen, wie es ihrer Bestimmung entspricht.

Wie wichtig ist es doch, geduldig zu sein, um nach oben wachsen zu können, um seine Kräfte zu sammeln und sie nicht zu vergeuden in unnützem Ärger, der aus einer anderen Perspektive betrachtet nichts anderes ist als eine Illusion. Von der Ungeduld werden wir immer dann ergriffen, wenn wir beginnen, eine Situation zu beurteilen und zu verurteilen. Urteilen, beurteilen und verurteilen bringt uns aus unserer Mitte; unsere Kraft zerfließt, der Friede in uns löst sich auf. Wertfreiheit und Annahme dagegen bringen den Frieden und halten uns zentriert im Hier und Jetzt.

Die Geduld gibt der Ausdauer ein wunderbares Fundament, und wenn wir an der Weiterentwicklung unserer Seele arbeiten, ist sie unabdingbar. Denn die Seele ist nicht greifbar, nicht sichtbar, manchmal sind Fortschritte nicht spürbar oder fassbar. Das macht es häufig schwierig, zuversichtlich zu bleiben. Oft haben wir das Gefühl, an uns zu arbeiten und zu arbeiten - aber nichts scheint voranzugehen. Doch das scheint nur so. Wie der Samen der Blume in der Erde ruht, so ruht auch unsere Seele in der Meditation, in der Betrachtung einer schönen Landschaft, in der Liebe und Geborgenheit eines vertrauten Wesens oder im Warten. Die Zeit steht in diesen Momenten still - aber die Energie in unserer Seele findet die Ruhe, sich zu ordnen. Der Frieden breitet sich aus, er wächst und wird mit jedem Mal stärker und stabiler. In diesem Frieden kann die Seele heilen und Kraft finden für den nächsten Schritt auf unserem Pfad, der uns zur Vereinigung mit dem göttlichen Aspekt unseres Selbst führt.

Und dann, wenn wir nicht damit rechnen – urplötzlich kann dies geschehen –, werden wir emporgehoben in ein Gefühl der Freude, des Glücks, der Verschmelzung mit der Liebe, die alles umfasst. Unsere Seele wird frei – bis in ungeahnte Höhen und in unendliche Weiten dehnen wir uns aus ... Das ist die Wahrheit unseres Seins. Es ist kein kontinuierlicher Aufstieg, es ist ein stufenweises Nach-oben-Gehobenwerden.

Auch wenn das Jetzt ein sehr wichtiger Moment ist, so soll uns ein Blick in die Vergangenheit erlaubt sein, wenn wir glauben, nichts gehe voran. Wenn ich zurückblicke, kann ich erkennen, was sich in den letzten Jahren alles verändert hat und wie ich mich verändert habe. Dann bin ich erstaunt, bin dankbar und auch verwundert, was alles in meinem Leben geschehen ist. Gleichzeitig freue ich mich auf die Zukunft, denn ich weiß, mein Weg geht weiter – und bisher hat er mir das Beste gebracht, was er mir hätte bringen können. Warum sollte dies nicht auch weiterhin so sein? Ich bin sicher, wenn wir uns auf den Pfad der Bewusstseinsentwicklung begeben und bereit sind, uns dem Göttlichen immer mehr zu nähern, wenn wir Vertrauen haben, einen starken Willen und wenn die Sehnsucht in uns brennt, dann wird uns nur das Beste geschenkt werden, das wir benötigen, um voranzukommen. Das Universum ruft nach uns. Wenn wir diesem Ruf folgen, wird es uns den Weg bereiten – und jeder Augenblick im Leben wird wertvoll. Um dies erleben zu können, brauchen wir die Ausdauer, unseren Weg trotz aller Widerstände, trotz aller Um- und Irrwege, auf die wir uns manchmal begeben, immer weiterzuverfolgen.

Manchmal kommt es uns so vor, als wäre unser Ziel noch in weiter Ferne. Das lässt uns mutlos und verzweifelt sein. Wenn aber die Geduld und die Ausdauer zu Verbündeten werden, erkennen wir, dass alle Momente voller Ergebnisse und Wunder sein können. Auf welche Weise wir den Weg gehen, kann uns bereits das Glück bringen, die Fülle und die Freude. Es ist unsere Entscheidung – gehen wir mit Ungeduld weiter, weil wir das Ziel noch nicht erreicht haben, oder sind wir voller Geduld, in der wir die Chance haben, die Schönheiten des Augenblickes wahrzunehmen und unsere Seele damit zu nähren? Denn jeder Augenblick birgt das Unvorhergesehene, das Unerwartete und Unbekannte. Wir werden es aber nie kennenlernen, wenn wir ungeduldig auf etwas schauen, dessen Zeit noch nicht gekommen ist.

Im Staunen aber wird es uns nicht schwerfallen, die Ausdauer zu bewahren und auch bei Rückschlägen immer wieder von vorne anzufangen. Wir werden es so oft versuchen, bis wir einen Fortschritt bemerken. Wer die Gabe hat, sich nicht entmutigen zu lassen, wer voller Ausdauer und Geduld immer weitermacht und sich von nichts abbringen lässt, der wird vorankommen, und die Zeit wird ihm den Erfolg bescheren. Zuerst werden wir feststellen, dass jede Bemühung eine tiefe Freude in sich trägt. Wir können stolz auf uns sein, wir haben nicht aufgegeben. Nach einer gewissen Zeit wissen wir, dass in uns die Kraft ist, diesen Weg mit Erfolg und Hingabe zu gehen. Und dann kommt der Tag, an dem wir wissen, dass wir nicht mehr aufhören, sondern immer weitergehen werden. Es fällt uns leichter und leichter, das Ziel nicht mehr aus den Augen zu verlieren. Wir beginnen, uns auf die täglichen Meditationen zu freuen, sie sind Teil unseres Lebens geworden – ebenso wie die Begegnung mit Gott in Gebeten und im spirituellen Arbeiten.

Der Weg hat bereits begonnen

Wer zweifelt, gleicht den Meereswogen,
die vom Wind gepeitscht hin und her getrieben werden.
(Jakobus 1,6)

Nun haben wir die Werkzeuge für unseren Weg kennengelernt, welche uns in wunderbarer Weise unterstützen, damit wir sicher und stetig voranschreiten können. Wenn wir uns nun ganz bewusst auf den Weg machen, können wir erkennen, dass das Üben und Ausbilden dieser Eigenschaften uns schon mitten auf unseren Weg gestellt hat. Wir sind bereits unterwegs und können getrost weitergehen – stetig bestrebt, weiterhin achtsam zu sein, in der Gewissheit, es schaffen zu können, und mit der nötigen Geduld gesegnet, die uns erfolgreiche Momente schenkt.

Immer wieder werden wir feststellen, dass uns Zweifel einholen. Sie sind ein großes Hindernis für das Vorankommen. Es ist wichtig, sie nicht zu ignorieren oder zu umgehen, sondern wir müssen sie wahrnehmen – ganz bewusst. Nur wenn wir uns darüber im Klaren sind, wie oft sie uns aufsuchen und wie sehr sie uns bedrängen, können wir feststellen, inwieweit wir es geschafft haben, standhaft im Vertrauen zu bleiben. Wie groß ist es, wie gefestigt ist es? Haben wir verstanden, dass scheinbare Hindernisse Hilfen für uns sind, die wir mit Geduld und Ausdauer überwinden und mit Hingabe auflösen können?

Niemals dürfen wir uns belügen, indem wir glauben, alle Hindernisse bereits überwunden zu haben. Sie begegnen uns auf jeder Ebene. Daher nutzt es nichts, sie unbeachtet liegen zu lassen. Sollte der Zweifel sich uns entgegenstellen, ist es besser, ihn wahrzunehmen. Er ist eine Energie, die aus alten Programmierungen besteht, die wir nun nicht mehr brauchen. Möglicherweise sind es Programmierungen aus unserer Kindheit, wie zum Beispiel: "Das schaffst du doch nie!" – "Dazu bist du nicht gut genug!" – "Wie lächerlich sind deine Wünsche, deine Ziele!" – "Wozu soll das gut sein?" Es gibt unendlich viele alte Denkmuster in uns, die nun nicht mehr nötig sind. Wir können sie loslassen, denn sie hindern uns am Vorankommen.

Wir wollen aber vorankommen, wir alle sehnen uns nach einer besseren Welt – und sie sehnt sich nach uns. Sie wartet auf uns. Sie möchte, dass wir endlich ankommen in der Zukunft, die schon jetzt Gegenwart sein kann. Warum sollten wir noch zweifeln? Wir werden erwartet von einer Welt, die Frieden und Liebe bringt, die uns miteinander vereint im Licht, das wir alle sind. Wenn wir uns gut darauf vorbereiten und den lichten Weg weitergehen, werden wir uns alle in dieser neuen Welt treffen.

Zweifeln, die uns dazu bringen wollen, umzukehren oder einfach selbstgefällig stehen zu bleiben, sagen wir, dass wir sie nicht mehr brauchen. Wir sagen uns selbst, dass wir sicher sind, diesen Weg gehen zu wollen. Es ist wichtig, dies entschlossen auszusprechen! Wir könnten es in etwa so formulieren: "Ich bin sicher auf meinem Weg. Mein Vertrauen ist stark. Ich bin mir meines Lichtes bewusst und erkenne es in der gesamten Schöpfung. Ich bin eins mit ihr. Dieses Wissen trägt mich voran, es leitet und führt mich, es schützt und hält mich. Diese Gewissheit gibt mir Geborgenheit." In dieser Sicherheit nehmen wir unsere Zweifel sowie unsere alten Glaubenssätze und beseitigen sie.

Damit andere aber nicht von euren Zweifeln erschlagen werden, ist es wichtig, sie nicht nur in den Raum oder in die Landschaft zu schleudern, sondern sie einem Element zur Transformation zu übergeben. Feuer, Wasser, Erde und Luft sind wunderbare Kräfte, die bei der Umwandlung alter Muster behilflich sind.

Umwandlung durch das Feuer

Eine sehr gute Möglichkeit ist es, die alten Muster, Glaubenssätze und sonstige Zweifel in eine Kerzenflamme oder ins Kaminfeuer zu werfen. Nimm alles, was dir auf deinem Weg hinderlich ist, aus deinem Herzen und wirf es ins Feuer. Wiederhole dieses Loslassen so lange, bis du dich leichter und besser fühlst. Atme dabei ruhig und tief, und entspanne deinen Körper ganz bewusst.

Oder schreibe einen Brief mit all deinen Zweifeln und Hindernissen, von denen du dich befreien willst, und wirf ihn in die Flammen. Sieh zu, wie alles verbrennt.

Wenn du alles weggegeben hast, schließe deine Augen und spüre, wie die umgewandelte Kraft als Liebe und Frieden aus dem Feuer zu dir zurückfließt. Diese Liebe gibt dir Zuversicht, und das Vertrauen hat dich wieder erreicht. Es erfüllt dich. Spüre, wie es wärmend durch deinen Körper fließt und dich als leuchtende Flamme erhellt.

Danke dem Feuer mit einem Gebet.

Wenn du mit einer Kerzenflamme gearbeitet hast, lösche sie nicht, sondern lasse sie in einem sicheren Gefäß ganz herunterbrennen. Sollte dich ein Feuer unterstützt haben, dann beschenke das Feuer mit Salbei oder Beifuß und lege ein weiteres Holzscheit auf. Lösche das Feuer nicht, sondern lasse es ganz herunterbrennen.

Umwandlung durch das Wasser

Gehe hinaus in die Natur, und bitte sie in einem kleinen Gebet oder einer Anrufung um Unterstützung beim Loslassen deiner Hindernisse. Lasse dich zu Dingen führen, die bereit sind, dir zu helfen. Es mag sein, dass du auf bestimmte Blätter, Blüten, kleine Steine, leere Schneckenhäuser oder kleine Äste aufmerksam wirst. Plötzlich fällt dein Blick auf sie. Dein Bewusstsein hält einen kurzen Moment inne, und du spürst die Energie, die dir entgegenfließt. Sammle für jeden deiner Zweifel einen dieser kleinen Helfer und nimm ihn mit.

Nun begibst du dich an einen Bach oder einen Fluss. Bitte die Naturgeister des Ortes und den Geist des Wassers, dir dabei zu helfen, deine Zweifel in eine lichtvolle Kraft umzuwandeln und sie an den Ort zu tragen, an dem sie am nötigsten gebraucht wird. Nun nimm einen deiner Helfer in deine Hände und übergib ihm deinen Zweifel, indem du diesen ein letztes Mal formulierst. Wirf damit deinen Zweifel im Blatt, in der Blüte oder im Steinchen ins Wasser und nimm wahr, wie er aus dir weggetragen wird.

Wenn du alle Zweifel beseitigt hast, danke deinen kleinen Helfern, den Naturwesen des Ortes und dem Geist des Wassers. Du kannst der Natur auch ein gegenständliches Geschenk als Ausgleich übergeben. Ich selbst trage in meiner Tasche immer etwas Tabak oder Lavendelblüten als Gabe mit mir. Es ist eine schöne Geste, die ich immer wieder mit viel Liebe zu den Geistwesen vollziehe. Allerdings ist es meiner Überzeugung nach das schönste Geschenk und die wichtigste Gabe für Mutter Erde, wenn wir an der Umwandlung unserer egoistischen Muster arbeiten und sie nach und nach endgültig loslassen, um frei und strahlend zu werden. Dies ist das schönste Geschenk, das wir der Natur machen können und worüber sich die geistige Welt am meisten freut. Lassen wir unser Ego los – opfern wir unser altes Ich, um dafür in das Einssein mit der gesamten Schöpfung zu treten. Materielle Gaben sind dennoch schöne Gesten, die alles noch einmal unterstreichen können.

Umwandlung durch die Luft

Es ist ein herrlich erfrischendes Gefühl, an einem windigen Tag auf einen Hügel zu steigen oder sich auf ein freies Feld zu stellen, um sich vom Wind durchblasen zu lassen. Schließe dabei deine Augen, und wende deine Aufmerksamkeit weg von der Kälte des Windes und hin zu seiner reinigenden Kraft, die dein Energiefeld frei macht von allen Zweifeln, Ängsten und sonstigen Hindernissen auf deinem Weg. Spüre, wie du frei wirst, leicht wirst.

Bitte den Wind, stärker zu blasen, damit du seine Kraft noch deutlicher spüren kannst. Erwarte nichts, aber warte geduldig. Es dauert eine kurze Zeit, bis er seine Kraft sammelt und in einer heftigen Böe alles aus dir herausbläst. Wenn dich diese Brise erfasst, wirst du im selben Moment spüren, wie Freude in dein Herz einzieht, es erfüllt. Du willst mehr und mehr und rufst dem Wind zu, noch stärker zu blasen. Er wird es tun, und du beginnst, mit ihm zu tanzen. Es ist der Tanz mit dem Wind, der Tanz des Lebens, der uns erfüllt und wegträgt von allen Sorgen, Zweifeln, Kümmernissen.

Schenke dem Wind diesen Tanz als Dank, teile mit ihm deine Freude, damit er sie hinausträgt in die Welt – und alle, die von diesem Freudenwind berührt werden, sollen mit ihm tanzen, um die Freude weiterzutragen und somit zu vermehren. Indem du deine Freude weitergibst, werden alle negativen Energien, die der Wind dir abgenommen hat, transformiert.

Als Gabe erhält der Wind von mir oft eine Feder, die ich zuvor gefunden habe. Sie zeigt sich mir, wenn ich den Hügel hinaufsteige oder den Weg ins offene Feld gehe, um mit dem Wind zu tanzen. Ich lege die Feder in meine Hand und gebe ihr meine Dankbarkeit mit, wenn der Wind seine Arme öffnet und sie mit sich nimmt.

Umwandlung durch die Erde

Wenn ich mit der Erde arbeite, verwende ich hierzu sehr gerne Kristalle. Ich sehe in ihnen strahlende Lichter und spüre eine Kraft, die in mir vieles zum Schwingen bringt. Sie haben die Fähigkeit, lange Verborgenes an die Oberfläche zu bringen, und helfen dabei, alles aufzulösen, was nicht mehr gebraucht wird. Sie erkennen, was unsere Seele bereit ist loszulassen, und tragen das Wissen in sich, wann es an der Zeit ist, uns von alten Glaubensmustern zu befreien. Wenn wir uns dafür öffnen, werden sie genau in dem Moment in unser Leben treten, in dem wir bereit sind, mit ihnen zu arbeiten. Der Bergkristall beispielsweise hilft, klarer zu erkennen, woran wir arbeiten sollen, wohin unser Weg führt, während der Amethyst eine stark reinigende und transformierende Energie hat.

Ich liebe die Klarheit der Kristalle und bin erstaunt darüber, wie sie sich verwandeln können, wenn sie in die richtigen Hände gelangen. Ihre Farbe wird kräftiger, ihre Ausstrahlung stärker, sie werden klarer und klarer. Immer mehr Stellen entstehen im Inneren des Steines, in denen sich die Sonne bricht, so dass uns unendlich schöne Regenbogenfarben entgegenströmen. Wenn ein Kristall mich gefunden hat, drehe ich ihn in meinen Händen. Ich spüre die Resonanz zu ihm durch ein Kribbeln und eine Energie, die durch meinen ganzen Körper fließt. Wenn ich in ihm die Farben des Regenbogens entdecke, durchflutet mich ein heftiges Glücksgefühl. Warum? Das kann ich nicht genau sagen, es ist einfach so. Es scheint, als ob allein der Anblick dieser Schönheit alle negativen Gefühle in mir im Nu transformiert.

Es gibt viele Edelsteine, die unsere negativen Energien in sich aufnehmen. Sollte dies der Fall sein, müssen wir sie danach reinigen, denn auch Steine brauchen liebevolle Pflege. Sie gehören in unser Energiefeld – wie alles, das von Gott erschaffen wurde. Ehren wir sie und vergessen wir niemals, für sie zu sorgen, wie auch sie bereit sind, für uns da zu sein.

Kristalle und alle Edelsteine sind Lichtträger sowie Träger einer besonderen Energie. Aber auch die anderen Steine sind wunderbare Helfer für die Umwandlung unserer unangenehmen Emotionen. Als ich noch ein sehr kleines Kind war, nahm mich meine Großmutter oft mit auf den Friedhof. In der Zeit, in der sie das Grab ihrer Mutter pflegte, musste ich mich irgendwie beschäftigen. Zwischen den Gräbern waren Wege aus Kieselsteinen angelegt. Das war für mich ein Paradies. Es gab kleine grüne Steine, graue und braune – und die Highlights waren natürlich die weißen, glitzernden Quarzkiesel. Ich begann, die verschiedenen Steine zu sammeln und nach Farben zu sortieren. Dann legte ich Mandalas und wunderschöne Muster. Und jedes Mal, wenn ich fertig war, spürte ich, dass durch meine Arbeit eine Energie entstanden war, die mein Mandala mit dem Himmel verband. Es war die Vereinigung zwischen Himmel und Erde, die meine Traurigkeit und die Einsamkeit meiner Kindheit vertrieb.

Auch heute noch liebe ich es, irgendwo in der Natur, am liebsten auf einem Berg, ein Mandala aus Steinen zu legen. Ich füge meinen Kummer, meine Sorgen und meine Traurigkeit mit jedem Stein ganz bewusst in das Muster ein und spüre, wie ein Energiefeld zwischen Himmel und Erde entsteht, das alles umwandelt – nichts als Liebe und Frieden bleibt übrig. Das Mandala lasse ich stehen und schenke damit die Kraft des entstandenen Lichts diesem heiligen Ort. Ich danke Mutter Erde, indem ich sie segne. Sie überließ mir die Steine für mein Ritual. Ich lege meine Handflächen auf den Boden und lasse meinen Segen tief in das Innere der Erde fließen. Auf dem Rückweg singe ich ihr oft noch ein Lied.

Wichtig ist, dass ihr – ganz egal, von welchem Element ihr euch unterstützen lasst – nach der Reinigung von euren Zweifeln mit viel Überzeugung und Sicherheit einen neuen Glaubenssatz formuliert. Tut dies in der Gegenwartsform und mit einer Gewissheit, die aus eurem Herzen kommt, und spürt die Kraft, die dabei durch euren ganzen Körper fließt. Spürt dieser Kraft nach, nehmt sie wahr, seid dankbar für sie und genießt die Kraft einige Momente, bevor ihr in eurem Tun fortfahrt. Es ist ein Training, das uns schon beim Üben Kraft und Selbstbewusstsein vermittelt, das den Raum unserer inneren Stärke ausdehnt und uns mit festerem Schritt unseren Weg weitergehen lässt. Dieser Weg führt uns in ein neues Leben voller Zuversicht und Sicherheit, in dem kein Platz mehr ist für das Alte. Nun müssen wir unser bisheriges Leben nicht mehr länger umwälzen, sondern können einfach ein neues beginnen – mit der Gnade der Zuversicht und des Vertrauens, mit Mut und neuer Kraft.

Es ist ein interessanter Versuch, sich einmal darauf einzulassen, seine Zweifel wirklich zu beseitigen. Die Welt braucht derzeit Menschen, die sich sicher sind – die sich sicher sind, dass sie den Blick nicht mehr von der hellen Seite abwenden werden, die sich nicht mehr verunsichern lassen und ihren Weg mit Bewusstheit gehen.

Ankommen in sich selbst

Göttliche Liebe: Es ist dies jene Liebe,
die alles gibt und nichts begehrt.
(Annie Besant)

Wir sind Körper, wir sind Seele, wir sind Geist. – Unseren Körper erfahren wir täglich auf vielfältige Weise – wenn wir Hunger haben, wenn wir müde sind, wenn wir Schmerzen empfinden oder an unsere körperlichen Leistungsgrenzen stoßen, wenn wir in den Spiegel schauen oder von jemandem auf der Straße erkannt werden. Unsere Seele bringt unsere Emotionen ans Licht – wir sind traurig, wir sind fröhlich, wir fühlen uns glücklich oder niedergeschlagen, wir fühlen uns zu jemandem hingezogen oder wollen ihm lieber nicht begegnen. Wir können Wut spüren oder auch Angst. Aber was ist nun unser Geist? Unbewusst wissen wir, dass er existiert. Da wir ihn aber nicht so leicht fassen können wie unseren Körper oder die Emotionen unserer Seele, machen wir uns auf die Suche nach ihm.

Wir wissen zwar, dass unser Geist Licht ist und Liebe. Aber wie finden wir diesen Raum in uns, wie können wir ihn spüren und wie können wir wissen, dass es nicht die Emotionen unserer Seele sind, die uns festhalten, bevor wir den Raum der wahren, der bedingungslosen Liebe erreicht haben? Unseren Geist zu spüren, heißt, das Licht in uns zu sehen, die Liebe in uns zu fühlen und in allem dieses Licht und diese Liebe zu entdecken. Selbst in Menschen, die zu Tätern geworden sind, werden wir das Licht sehen, und in jeder schwierigen Situation werden wir die Liebe erkennen, die hinter dem Geschehen liegt.

Wenn wir also fähig werden, hinter allem und in allem die Liebe und das Licht zu erkennen, und wenn wir beginnen zu verstehen, dass ohne die göttliche Präsenz nichts geschehen kann, dann müssen wir den Weg nicht mehr gehen. Wenn wir spüren, dass wir durch die Gnade Gottes existieren, wenn wir unser Ich verlieren und in unser wahres Sein eintreten, wenn wir nur noch den Wunsch haben zu lieben, nicht um geliebt zu werden, zu dienen nicht um des Verdienstes willen, zu handeln nicht um des Ruhmes willen, sondern zu lieben um des Liebens willen, dann haben wir den Geist in uns gefunden und uns mit ihm vereint.

Der Geist braucht keinen Weg, er ist immer gegenwärtig. Aber das Menschsein braucht den Weg – und wir können den Weg zum Ziel machen. Oft ist es sogar gar nicht nötig, ihn bis zum Ende zu gehen, denn manchmal erfährt man das Erwachen des Geistes bereits auf dem Weg. Es ist ein wunderschönes Erlebnis zu spüren, angekommen zu sein, und zu wissen, dass dies zu jeder Zeit, in jeder Situation und an jedem Ort geschehen kann. Jeder Weg kann eine Erfahrung hin zu sich selbst sein, ein Abenteuer für Forscher, etwas, das die Seele befriedigt. Ein Weg kann Freude bringen und Erkenntnisse. Ich möchte euch einladen, euch auf einen Weg zu machen zu euch selbst, zu eurem Geist und damit zu eurem wahren Sein.

Macht euch frei von jeder Vorstellung, wann Heilung eintreten kann, wie sie sich manifestiert beziehungsweise wie sie geschieht. Seid jederzeit bereit, das Licht in euch zu sehen und die Liebe zu allem, was ist, zu spüren – aber erwartet nichts. Seid neugierig, dankbar und offen, gebt euch hin und seid bereit zu empfangen.

Gebt nicht vor, einer von den ganz Reinen zu sein. Seid euch bewusst, dass auch ihr Schattenseiten habt und es eure Verantwortung ist, unaufhörlich daran zu arbeiten, euch dem Licht zuzuwenden. Nur so könnt ihr euer Ziel erreichen. Fallt nicht in Selbstgefälligkeit und hört nie auf, euch darum zu bemühen, euer Bestes zu geben. Nur durch das ehrliche Bemühen um Weiterentwicklung ist wahre Reinheit zu erreichen. Und so folgt eurem Weg, der euch die Antwort gibt auf die Frage: Wer bin ich?

WAHRNEHMEN UND LOBEN

Gottes Geschenk an uns:
Die Schönheit der Schöpfung

Die göttliche Schönheit erzeugt die Liebe.
(Platon)

Wir wandern über die Erde, unbewusst getrieben von der Sehnsucht nach Schönheit. Die Schönheit ist es, die uns erfreut, die uns hilft, unsere Herzen zu öffnen, was uns wiederum zu Dankbarkeit und Liebe führt. Im selben Moment, in dem wir die Schönheit erkennen, erwacht in uns die Hingabe. Es ist wie eine Flamme, die uns plötzlich durch ihr Aufflackern erhellt. Wir kommen an im gegenwärtigen Moment und loben die Vollendung des Seins. Das Licht der Schönheit löscht unser Ego wie einen Dämon aus, der in der Flamme der Liebe verbrennt.

Gott hat uns ein unermesslich kostbares Geschenk überreicht, als er uns ein Leben auf diesem schönen Planeten gab. Die Erde ist voller Schönheit, sie umgibt uns, beseelt uns, erweckt uns und animiert uns zu leben. Sie ist pure Kreativität und alle Zeit gegenwärtig.

Aber wie kann es dann sein, dass so viele Menschen mit verschlossenen Herzen durchs Leben gehen? Sie lassen sich hetzen von ihren Pflichten, ihrer Jagd nach Erfolg und materiellem Besitz. "Zeit ist Geld" wurde zu einem Slogan, den jeder kennt. Wir müssen nicht in Armut leben, aber wir müssen auch nicht Dingen hinterherrennen, die wir bei weitem nicht brauchen, denn damit machen wir uns sehr schnell zu Sklaven unseres Besitzes.

Die Nachrichten verbreiten Angst und Schrecken, und die Zeitungen haben die höchsten Verkaufszahlen, je sensationslüsterner sie über die Katastrophen berichten. Es herrscht Unsicherheit, die Sorglosigkeit ging vielen Menschen verloren und die globale Krise hat bewirkt, dass viele das Vertrauen in die Zukunft ebenfalls verloren haben.

Wir nehmen die Schönheit der Erde und des gesamten Lebens kaum mehr war, und das hat die Erde dazu gebracht zu reagieren. Gott hat uns nicht nur das Leben auf diesem schönen Planeten geschenkt, er hat uns auch die Gabe des Erschaffens gegeben. Er lässt uns selbst Schöpfer sein. Aber wir haben unsere Schöpferkraft missbraucht und Mutter Erde Schaden zugefügt in Form von Umweltverschmutzung, Machtmissbrauch, der Ausbeutung der Bodenschätze, Kriegen, der Diskriminierung von Randgruppen, der Ausrottung von Tierarten und so weiter. Doch wenn dies in so drastischer Art möglich war, dann ist es auch möglich, die Erde in wundervoller Weise zu beruhigen und sie wieder sanft werden zu lassen, indem wir uns mit ihr versöhnen, indem wir die Harmonie zwischen uns und der Natur wiederherstellen. Die einfachste Möglichkeit, uns mit jemandem zu versöhnen, ist zu beginnen, seine Schönheit zu sehen, sie wahrzunehmen und zu loben.

Der Blick auf das, was wir nicht haben, aber glauben zu brauchen, hat uns von der Schönheit unserer eigenen Seele entfernt. Wir haben unseren Innenraum verlassen, um im Außen zu suchen. Dadurch haben wir uns von uns entfernt und verlernt, das Leben zu verstehen – und uns selbst. Aber nur, wenn wir uns verstehen, können wir auch den anderen verstehen. Wenn wir in uns selbst zu Hause sind, werden wir auch auf der Erde zu Hause sein – und zu Hause sein heißt, eine Heimat zu haben, sich wohlzufühlen, Kraft zu tanken und loslassen zu können.

Kehren wir um und entdecken wir den Innenraum, der uns mit allem Leben eins werden lässt – dann entwickeln wir den Blick für die Schönheit um uns herum.

> *Durch die Wesen reicht der eine Raum:*
> *Weltinnenraum.*
> *Die Vögel fliegen still durch uns hindurch.*
> *Oh, der ich wachsen will,*
> *ich seh' hinaus und in mir wächst der Baum.*
> (Rainer Maria Rilke)

Die Liebe im Herzen finden

Alles in der Welt ist Liebe!
Liebe ist das sanfte, göttliche, von Asche verdeckte,
aber unauslöschliche Wesen der Welt!
(Robert Musil)

Jeden Tagen können wir neu beginnen. Jeden Tag erwachen wir aus der Dunkelheit unseres Schlafes, und Gottes Geschenk liegt vor uns. Wie wäre es, wenn wir uns vornehmen, dieses Geschenk auszupacken und es nicht verpackt und unbeachtet vor unserem Bett liegen zu lassen? Lasst es uns auspacken und mit in den Tag nehmen! Seid bereit, das noch unentdeckte Schöne des Tages zu finden und wahrzunehmen. Wir werden dann einen Zauber erleben, der oft nicht in Worte gefasst werden kann, der uns das Gefühl des Ankommens und der Heimat schenkt. Unsere Herzen werden berührt, sie erwachen zu neuem Leben.

Vielen Menschen ist die Wahrnehmung verloren gegangen. Wir rennen durch den Tag, schicken die Kinder in die Schule, hetzen schnell zur Arbeit und wollen den Tag so flott wie möglich hinter uns bringen – mit den Gedanken schon beim Feierabend. Abends setzen wir uns dann vor den Fernseher, um uns irgendetwas anzuschauen und einfach nur abzuschalten. Konzentration, Aufmerksamkeit und gezielte Wahrnehmung werden immer anstrengender für viele Menschen in dieser Welt, die scheinbar unaufhörlich auf der Überholspur am wahren Leben vorbeirasen.

Aber das Leben ist kein Wettrennen. Im Leben ist derjenige der Sieger, der einen Gang zurückschaltet, langsamer lebt, in die Ruhe kommt und wieder lernt, zu sehen, zu hören, zu riechen und zu fühlen. Dadurch werden wir uns bewusst, wer wir sind: wunderbare Wesen aus Licht, aus Wahrheit und Liebe. Wir sind die Wahrheit, wir sind das Leben, wir sind die Liebe, wir sind unendliches Wissen, wir sind Geist. Sobald wir das erkennen, sehen wir es überall um uns herum – in allen Menschen, in den Tieren, den Blumen, den Bäumen, im Mond und in den Sternen – und selbst die Steine beginnen zu leuchten.

Wir müssen alles ablegen, was uns daran hindert, dies zu glauben. Die Welt ist so voller Wunder – warum sollten wir keines sein? Die Schöpfung ist ein großes Mysterium – warum sollten wir, die wir ein Teil der Schöpfung sind, nicht auch ein großes, unerschöpfliches Wunder, ein Mysterium sein?

Schließe für einige Minuten deine Augen, und betrachte die Liebe in deinem Herzen. Wem schenkst du sie? Denke einen kurzen Moment darüber nach, wen du liebst. Was fühlst du? Spüre das Gefühl in deinem Herzen. Lass dir Zeit dafür.

Denke darüber nach, was dich mit diesem Wesen, das du so sehr liebst, verbindet. Erinnere dich an schöne Momente, die ihr miteinander verbracht habt. Spüre die Freude wieder in deinem Herzen. Die Liebe bringt uns Freude. In welchen Teilen deines Körpers spürst du die Freude? Wie fühlt es sich an? Welche Gedanken kommen dir dabei? Denke in Ruhe darüber nach, und nimm dir Zeit, dieses Gefühl in deinem ganzen Körper wahrzunehmen.

Wenn du nun die Freude in deinem Herzen über die Brücke der Liebe wiedergefunden hast, dann öffne deine Augen und richte deinen Blick hinaus in die Welt. Schaue aus dem Fenster, schaue in deinen Garten, in den Himmel oder richte deinen Blick sanft auf dein Umfeld und lass die Freude über die Herrlichkeit, die dich umgibt, spürbar werden. Wie schön ist das Leben mit den Augen der Freude betrachtet! Lobe, was du siehst, bewundere den Baum vor deinem Haus. Lobe die Vögel in seinen Ästen, ihr Morgenlied und ihr Dasein. Lobe dein Zuhause, das dir ein Dach über dem Kopf gibt, lobe das Feuer im Ofen, das dir Wärme spendet. Beginne jeden Tag, indem du ihn lobst!

Freude – die immer gegenwärtige Qualität

Ein Einsiedler ist jemand, der auf die Welt der
Bruchstücke verzichtet,
um sich an der ganzen Welt
ohne Unterbrechung zu erfreuen.
(Khalil Gibran)

So viele Menschen erzählen mir, dass sie keine Freude mehr empfinden können. Warum gibt es nur so viele Menschen, die meinen, ihre Freude verloren zu haben?

Ich bin sicher, dass sie noch immer da ist. Sie ist nicht verschwunden. Gottes Gaben verschwinden nicht einfach. Sie hören nie auf zu sein. Alles ist da, alles ist gegenwärtig, alles ist vorhanden, schließlich wurden wir mit Freude geboren. Sie löst sich nicht einfach auf. Wir sind jedoch leicht geneigt, sie mit unwichtigen Dingen zu verdecken, und dann glauben wir, dass sie verschwunden sei. Dabei haben wir lediglich etwas über die Freude gestellt. Doch: Was gibt es, das wichtiger ist als die Freude in unserem Herzen? Was könnten wir über die Freude stellen? Ist es die Sorge darüber, die Sicherheit, die Kontrolle über unser Leben zu verlieren?

Wir haben keine Kontrolle. Sicherheit ist eine Illusion. Schon morgen kann alles anders sein, unvorhergesehen, ungeahnt. Also warum richten wir unseren Fokus darauf, was morgen Schreckliches sein könnte? Genauso gut könnten wir uns auch darüber freuen, wie viel Herrlichkeit auf uns wartet. Wir wissen nicht, was morgen sein wird, aber wir haben es in der Hand zu entscheiden, was jetzt in diesem wundervollen Augenblick geschieht. Wir entscheiden darüber, ob wir uns auf die Wunder des Morgens freuen oder ob wir voller Kummer auf den morgigen Tag blicken.

Lasst es doch einfach zu, euch zu freuen. Ihr seid die Betrachter der Wunder, und ihr seid das Wunder selbst. Richtet euren Blick auf die Herrlichkeiten des Lebens, sie umgeben uns überall. Spürt die Freude über die Liebe in eurem Herzen, spürt die Freude über den morgigen Tag, der voller Wunder ist, die es gilt aufzudecken. Richtet euren Blick auf die Sonnenseite des Lebens, dann wird das Licht sich von euch geehrt fühlen und gerne in euer Leben treten. Es bleibt kein Platz für die Sonne, wenn ihr den Tag mit dunklen Gedanken und Ahnungen überschattet. Wo soll sie da noch Raum finden? Schiebt ihr die Wolken beiseite, dann bekommt sie jedoch die Möglichkeit, sich in eurem Leben auszudehnen und euren Tag zu erhellen – wie die Sonne am Himmel, die am Morgen hinter dem Horizont aufgeht, sich langsam über die Landschaft erstreckt, sich ausdehnt und nicht eher aufhört, bevor alle Winkel hell erleuchtet sind.

Ich habe das Glück, in einem Ort zu leben, der in herrliche Naturschutzgebiete eingebettet ist. Ich verbringe täglich viel Zeit draußen in der Natur und liebe es, mich von ihrer Schönheit in den Bann ziehen zu lassen. Ich nehme sie wahr und lobe sie. Dabei kann ich immer spüren, wie geehrt sie sich dadurch fühlt. Sobald ich sie wahrnehme, wendet sie sich mir mit ihrer Energie zu. Ich erkenne ihre Schönheit und spüre, wie sich mein Herz öffnet. Ich bin dann im Moment angekommen. Ich betrachte eine Blume, einen Baum, einen klaren Bach und schenke ihnen meine Aufmerksamkeit. Wir können der Natur kein größeres Geschenk machen als das, sie in ihrer Herrlichkeit wahrzunehmen und sie dafür zu loben.

Dadurch, dass ich die Natur wahrnehme, ihr Zeit, Aufmerksamkeit und Bewunderung schenke, nährt und stärkt sie meine Seele. Ich nehme wahr, wie sich das Tor der Erde öffnet und mich einlädt einzutreten. Wenn ich jetzt in diesem Augenblick bereit bin, das Tor meines Herzens ebenfalls zu öffnen, geschieht eine Verbindung zwischen uns, die meine Seele mit der Erde eins sein lässt. Diese Verschmelzung gibt mir die Sicherheit, angenommen zu sein. Die Erde liebt mich, sie heißt mich willkommen. Nun öffnen sich immer mehr Tore in meinem Inneren, und meine Seele schwingt in vollem Vertrauen darauf, am richtigen Ort zu sein – hierherzugehören, in die Schönheit der Schöpfung, von der ich ein Teil bin.

Je mehr wir uns darin üben, uns zu öffnen, umso intensiver nehmen wir diese Schönheit und das Gefühl, geliebt zu werden, wahr. Zeitweise kann es geschehen, dass wir plötzlich das Gefühl haben, als würde alles zu leuchten beginnen. Die Farben der Natur strahlen uns entgegen und laden uns ein, mit ihnen zu verschmelzen – Farben bringen uns Freude und Heilung, sie aktivieren unsere Lebensenergie.

Urteilen – beurteilen – verurteilen

*Wenn Aufmerksamkeit da ist, wenn ein Gewahrsein da ist,
in dem keine Wahl, kein Urteil ist, nur Beobachtung,
dann wirst du sehen, dass du nie wieder verletzt sein wirst,
und die vergangenen Verletzungen sind weggewischt.*

(Krishnamurti)

Wir sind Teil des Ganzen, Teil einer Welt, die in Liebe und Schönheit erschaffen wurde. Uns wurde ein Licht mitgegeben, das die Möglichkeit bietet, wahrhaft zu lieben. Nicht in der Liebe, die Bedingungen kennt. Das ist nicht die Liebe, die Gott uns geschenkt hat, die in uns glüht. Dies ist vielmehr die Liebe, aus der heraus viele Menschen die Welt betrachten und glauben, dass es Liebe sei. "Wenn du dies tust oder das tust, wenn du schön lieb bist, wenn du so bist, wie ich dich haben will, dann werde ich dich lieben." Diese Anschauung von Liebe ist weit entfernt von der wahren Liebe, die uns Gnade und Heilung bringt. Die wahre Liebe ist nicht geprägt von Urteilen, Verurteilungen und Beurteilungen. Ihre Qualität ist Verständnis, Annahme und Nachsicht.

Fangen wir bei uns selbst an. Wie viel Verständnis haben wir mit uns? Können wir uns so annehmen, wie wir sind? Übermannen uns Schuldgefühle, wenn etwas nicht so klappt, wie es sollte, oder sind wir nachsichtig mit uns? Können wir uns selbst lieben, wie Gott uns erschaffen hat? Selbstliebe hat in diesem Fall nichts mit Egoismus zu tun – ganz im Gegenteil. Bedingungslose Liebe ist begleitet von dem stetigen Loslassen egoistischer Muster. Nur wenn wir diese Muster loslassen, die ihren Urgrund in der Angst haben, werden wir, wie Gott uns erschaffen hat – leuchtende Wesen, die durchflutet sind von bedingungsloser Liebe für alles, was ist. Beginnen wir, bedingungslos zu lieben, werden wir spüren, wie sich unser Ich auflöst, wie wir eins sind mit aller Schönheit, aller Freude, aller Gnade um uns. Es gibt keine Trennung mehr. Wir werden alles lieben. Wir verlassen die Vorstellung, dass wir Menschen mehr lieben als Tiere – oder Bäume mehr als Blumen – oder die Berge mehr als das Meer. Es gibt kein Mehr oder Weniger. Wir beginnen, das Leben zu lieben, das wir in allen Dingen erkennen und mit dem wir eins sind. Dann ist Liebe überall, und es gibt kein größeres Glück, keine größere Freude kann uns durchfluten als die über das Auflösen unseres Ichs – unseres Egos – und das Hineinfließen in das Alleine.

Wir beginnen, wahrzunehmen und zu verstehen, dass wir nicht das Recht haben, über das Leben zu urteilen, weil die Geheimnisse darüber viel zu groß sind. Wir begreifen, dass alles in Liebe erschaffen wurde und es hochmütig und egoistisch wäre, das eine Leben als wertvoller oder wichtiger als das andere zu betrachten.

Handlungen, die aus der wahren Liebe geschehen, werden nicht beurteilt und in Kategorien wie "besser" oder "schlechter" eingeteilt, weil diese Art der Liebe nur eine Qualität hat, nämlich die Qualität der wahrhaften, der echten Liebe.

Richard Wagner sagte einmal: "Ich weiß nicht, wie der liebe Gott mein Lebenswerk bewerten wird. In den letzten Wochen habe ich über fünfzig Partiturseiten vom Parsifal geschrieben und drei jungen Hunden das Leben gerettet. Warten wir ab, was wichtiger auf die Waagschale drücken wird."

Wir können unsere Taten oder die anderer nicht beurteilen. Aber ich denke, egal was wir tun, solange es aus der Energie der wahren Liebe geschieht, wird es ein Segen für die ganze Welt sein und einfließen in das Bewusstsein allen Lebens.

Sich selbst spüren

Du kannst nicht tun, was du willst,
solange du nicht weißt, was du tust.
(Moshé Feldenkrais)

Gehen wir nun nicht oberflächlich über diese Betrachtung hinweg, und versuchen wir, nicht einfach leichtfertig zu sagen: "Ja, ich kann durchaus bedingungslos lieben." Ich glaube, die Ausbildung zur Wertfreiheit ist eine Arbeit an uns selbst, die wir ständig überprüfen sollten und in der Ehrlichkeit unerlässlich ist, um ans Ziel zu kommen.

Wenn wir lernen, uns wahrzunehmen, erkennen wir, welche Eigenschaften hinderlich sind beim Vorankommen in der seelischen Entfaltung und beim Vordringen zu unserem göttlichen Kern, der unsere Schönheit ist und die bedingungslose Liebe beinhaltet.

Wir alle haben die Möglichkeit, unsere Sinne zu schulen, damit sie feiner und feiner werden. Wir kommen in Ebenen, die uns wegführen von der äußerlichen, rein physischen Wahrnehmung und uns hineinbringen in ein Spüren, das die

Tore öffnet, um die Welt zu erleben, ohne zu interpretieren. Wenn wir aufhören zu interpretieren, löst sich jedes Werturteil auf. Wir verlassen den Raum der Verurteilung und erkennen die Wahrheit hinter allem Geschehen. Die Interpretation von Erlebtem verfälscht die Wahrheit, denn sie entsteht im Kopf – im Denken. Wir wollen aber lernen, die Welt zu fühlen und fein wahrzunehmen, um die Wahrheit zu erkennen.

Der Urgrund egoistischer Muster ist die Angst. Wenn wir Angst haben, reagiert unser Köper auf diese Empfindung durch einen flacheren, schnelleren Atem, stärkere Herztätigkeit, Zittern, Muskelverspannungen und so weiter. Wenn wir nun ganz ohne Interpretation die Reaktionen unseres Körpers wahrnehmen und beginnen, unsere verspannten Körperzonen bewusst zu entspannen und uns auf tiefes Atmen zu konzentrieren, beginnt die Energie, wieder harmonischer durch uns zu fließen, und das Gefühl, das wir nicht versuchen zu interpretieren, löst sich auf. So können wir über die Wahrnehmung unseres Körpers negative Gefühle loslassen, bevor sie Macht auf uns ausüben.

Wenn wir die körperlichen Reaktionen jedoch interpretieren, bevor wir unsere physischen Reaktionen wahrnehmen, kann die Angst in uns verhaftet bleiben – und es wird immer schwerer, sie wieder loszulassen. Begeben wir uns in unsere Gefühle, die uns plagen, geben wir ihnen Kraft und damit die Herrschaft.

Die Situation, vor der man Angst hat, mag immer noch da sein, aber die Empfindung der Situation verändert sich in dem Moment, in dem man die Reaktion des Körpers wahrgenommen und verändert hat.

Durch eine entspannte, aufrechte Körperhaltung wandelt sich unser Empfinden, was wiederum auch unsere Ausstrahlung verändert. Mit einer bewussteren Ausstrahlung haben wir eine ganz andere Wirkung auf die Situation, und angstmachende Muster lösen sich häufig auf. Es ist nicht die Körpersprache, die eine Situation im Außen ändert, sondern die Empfindung, die wir durch die Wahrnehmung und Beherrschung unseres Körpers einnehmen und ausstrahlen.

Viele Menschen, die mit Pferden umgehen, lernen, den eigenen Körper zu beobachten und zu korrigieren, um das Pferd dadurch zu leiten. Viele Trainer propagieren, dass es die Körperhaltung des Menschen ist, die ein Pferd dahin oder dorthin bewegt. Ich bin sicher, es ist nicht die Körpersprache. Es ist die Veränderung der Ausstrahlung, die durch die entsprechende Körperhaltung entsteht. Diese feinen Schwingungen nehmen Tiere wahr. Unser Energiefeld ist für sie wie ein offenes Buch. Sie haben eine sehr sensible Wahrnehmung, und ich denke, wenn wir alle so feinfühlig wären wie sie, gäbe es keine Missverständnisse mehr.

Kehren wir zurück zu unserer Angst. Oft überwältigt sie uns plötzlich, und wir haben keine Zeit, uns als Erstes um die körperlichen Empfindungen zu kümmern. In solchen Momenten ist es wichtig, davon abzusehen, die Angst zu bewerten. Negative Werturteile verstricken uns nur noch tiefer in dieses Gefühl, weiten es aus und lassen uns verzweifeln. Die natürliche Reaktion ist Flucht oder Rückzug. Im nächsten Schritt versucht man, ähnliche Situationen in Zukunft zu umgehen. So hindert uns jedes Urteilen in schwierigen Situationen daran, tiefer in die Schulung unserer Wahrnehmung einzusteigen. Damit wird eine neue Mauer errichtet auf dem Weg zu unserer inneren Wahrheit.

Es ist wichtig, die Schulung der Wahrnehmung bei sich selbst zu beginnen, um sie dann auf das Außen ausweiten zu können. Die Wahrnehmung auszubilden bedeutet, achtsam zu werden. Achtsamkeit ist der Schlüssel für jede Veränderung in uns selbst, die uns eine veränderte Wahrnehmung des Außen beschert – hin zum Erkennen der Schönheit des Lebens. Sie hilft uns, den Nebel der illusorischen Welt aufzulösen und die Wahrheit zu erblicken.

Die Kraft des Augenblicks

Denn das ist eben die Eigenschaft
der wahren Aufmerksamkeit,
dass sie im Augenblick das Nichts zu allem macht.
(Johann Wolfgang von Goethe)

Achtsamkeit führt uns in den Moment – ins Hier und Jetzt –
und lässt uns nicht nur an dem Ort ankommen, an dem wir
gerade stehen, sondern auch in uns selbst. In der Achtsamkeit
können wir anfangen, uns selbst ganz anders wahrzunehmen,
wir lassen jede Wertung beiseite und schlüpfen in die Rolle
des Beobachters. Achtsamkeit hilft uns daher, in unserer
Mitte zu bleiben und den Kontakt zur Tiefe unseres Selbst
nicht zu verlieren. In dieser Stabilität fällt es leicht, unsere
Mitmenschen, die Natur und das gesamte Geschehen anders
wahrzunehmen, uns mehr auf alles zu konzentrieren und
trotzdem nicht unsere Kraft zu verlieren. Daher entsteht aus
der Achtsamkeit eine neue Lebensweise, in der wir das Geschehen um uns anders wahrnehmen, besser annehmen und
wertschätzen können.

Wenn wir nun durch die Achtsamkeit im Jetzt ankommen, haben wir die Möglichkeit, diesen Augenblick in den schönsten Moment unseres Lebens zu verwandeln, immer und immer wieder. Wir vergessen das Gestern und denken nicht an das Morgen, wir steigen auf einen Berg, einen Turm oder eine andere Anhöhe, schließen die Augen und spüren ganz bewusst die wärmenden Sonnenstrahlen auf der Haut oder das sachte Streicheln des Windes.

Versucht, dies nicht nur für einen kurzen Moment zu tun, sondern lasst eure Augen so lange geschlossen, bis ihr spürt, wie der Frieden und die Ruhe sich in euch ausbreiten, wie der Wind und die Sonne den Kummer des Gestern vertreiben und die Sorgen um das Morgen verschwinden lassen. Wartet, genießt die Sonne, spürt den Wind, bleibt ganz bei dieser Wahrnehmung und kehrt immer wieder leicht und ruhig zu ihr zurück, wenn ihr doch einmal abgelenkt werden solltet.

Jeder dieser Momente lässt den Frieden in eurer Seele wachsen, stark und groß werden. So gebt ihr dieser Essenz in euch Nahrung, sie wird erblühen und euer Sein und das Leben um euch durchstrahlen. Je öfter wir unsere Achtsamkeit auf diese Weise schulen, umso stabiler wird der Frieden in uns. Es ist wie das Wachsen eines Friedensbaumes, der mit jedem Erleben des inneren Friedens immer mehr Früchte trägt und Samen entstehen lässt, die ihr der Welt schenkt.

Es ist wichtig, alles zuerst in uns selbst entstehen zu lassen, bevor wir es weitergeben können. So nehmt euch Zeit für diese Wahrnehmung und spürt, welch großes Geschenk euch Sonne und Wind machen.

Nun öffnet langsam eure Augen und schaut über die Landschaft. Fixiert einen Punkt in der Ferne und haltet inne. Welches Objekt hat eure Augen angezogen? Ist es ein Baum? Oder ein Spaziergänger, ein Haus oder eine vorbeiziehende Wolke? Ganz gleich, was oder wem ihr jetzt in diesem Augenblick eure Achtsamkeit schenkt, ihr werdet es in Frieden tun. Lasst euren Blick entspannt auf dem Objekt ruhen, und nehmt wahr, wie der Frieden eures Herzens sich dorthin ausweitet. Ihr beginnt bereits damit, den Samen eures Friedensbaumes zu verstreuen und ihn in die Welt zu säen.

Achtsamkeit bringt uns in den Moment. Das Hier und Jetzt schenkt uns Frieden, und wir beginnen, aus diesem Gefühl heraus die Welt anders wahrzunehmen. Wir erkennen die Schönheit um uns, wir freuen uns über das, was wir sind, und staunen, wie viel wir tun können, um die Welt zu verändern. Denn schließlich wissen wir bereits: Wir erschaffen das im Außen, was wir selbst im Inneren sind.

Wenn ihr den Berg oder den Turm wieder verlasst, so geht bewusst. Bleibt mit der Aufmerksamkeit ganz bei euch selbst. Spürt bei jedem Schritt, wie ihr die Erde berührt.

Ich liebe es, barfuß zu laufen. Im Sommer trage ich selten Schuhe, wenn ich durch meinen Garten gehe oder durch die Natur spaziere. Barfuß erleben wir die Erde auf eine ganz andere Weise. Wenn wir die Aufmerksamkeit auf jede Berührung unseres Fußes mit dem Boden richten, erhalten wir eine wunderbare Erdung. Mit jedem Schritt spüren wir ein tieferes Ankommen in unserer Heimat, bei Mutter Erde.

Damit unser Bewusstsein der Berührung mit Mutter Erde folgen kann, ist es erforderlich, dass wir langsam gehen. Wir müssen unser Bewusstsein nicht den Schritten anpassen, sondern die Schritte der Geschwindigkeit unseres Bewusstseins.

An Tagen, an denen der Regen die Erde feucht gemacht hat, ist es ein besonderes Erlebnis, ohne Schuhe über sie zu gehen. Alles ist sanft und weich, wir verbinden uns mit den weichen Blättern, den feuchten Tannennadeln und dem frischen Gras. Spüren wir hinein, wie es sich anfühlt, und genießen wir jeden Schritt in tiefster Verbundenheit mit unserem Heimatplaneten.

Oder der Morgentau auf dem Gras - es gibt nichts Erfrischenderes, als durch ihn hindurchzuschreiten. Langsam, Schritt für Schritt und mit dem Frieden in unserem Herzen und der Liebe Gottes um uns, mit dem Strahlen der aufgehenden Sonne und dem Duft der frischen Luft - mit dem Glück des neuen Tages.

Solche Momente können wir nur loben - wir sollten jeden Augenblick in uns aufnehmen, annehmen und loben!

Wenn wir beginnen, die uns geschenkte Zeit wahrzunehmen, werden wir das Leben lieben. Die Kraft dieser Momente können wir mitnehmen in den Tag. Sie stärken unsere Seele. Und wenn wir im Alltag eingeholt werden von Kümmernis und Besorgnis, Stress und Druck, dann erinnern wir uns an diese Momente und wissen, dass wir sie erneut erleben können, dass wir sie in unser Leben zurückholen können, dass sie nicht verloren sind, sondern in unserer Erinnerung ruhen und uns Zuversicht und Hoffnung geben.

Wir haben erlebt, dass der Frieden in uns wohnt und dass wir ihn jederzeit erwecken können. Dieses Wissen kann uns durch alle Situationen begleiten, und wenn wir es durch

Wiederholung immer mehr festigen, erleben wir, dass wir nicht nur die Erinnerung in schwierigen Situationen aufleben lassen können, sondern dass auch das Gefühl des Friedens immer in unserem Herzen gegenwärtig ist.

Die Liebe des Waldes

Achtsamkeit ist ein aufmerksames Beobachten,
ein Gewahrsein, das völlig frei von
Motiven oder Wünschen ist,
ein Beobachten ohne jegliche
Interpretation oder Verzerrung.
(Krishnamurti)

Die Natur ist so unendlich großzügig. Sie beschenkt uns mit ihrer grenzenlosen Schönheit, ohne jemals etwas von uns zu fordern. Und nichts in der Natur ist zu klein, um nicht unsere Aufmerksamkeit zu verdienen.

Wenn ich in der Natur spazieren gehe und sie bewusst wahrnehme, spüre ich, wie sie mein Ego schrumpfen lässt und mein Sein weitet. Ich breite mich wie ein Teppich über der Landschaft aus und empfinde Glück über alles, was in Gottes Schöpfung mit mir geschieht. Kummer, Nöte und Sorgen entspringen dem Ego – alle Ängste sind das Ergebnis unseres Egos, das sich in den Vordergrund drängt. Die Natur aber hat kein Ego. Sie hat nur reines, klares, göttliches Sein und lädt uns ein, eins mit ihr zu werden. Sie wartet darauf und schenkt uns ihre Macht der Heilung, die uns verwandelt und nicht mehr das sein lässt, was wir vorher waren. Wir empfinden dann jeden Spaziergang, in absoluter Bewusstheit unternommen, als eine heilbringende Medizin, die uns zurückführt in die Ganzheit, die Heilung heißt.

Und so kann es geschehen, dass sich mir in diesem Bewusstseinszustand Tiere des Waldes anschließen und meinen Spaziergang begleiten. Sehr häufig sind es Rehe, die mich – nur wenige Meter von mir entfernt – begleiten. Einmal schloss sich mir ein Marder etwa eine ganze Stunde lang an – durch den ganzen Wald. Mein Hund an meiner rechten Seite und den Marder links von mir spazierten wir gemeinsam den Weg entlang. Ging ich schneller, beschleunigte auch der Marder seine Schritte, blieb ich stehen, tat er es auch. Ging ich langsam, passte er sich exakt meinem Tempo an. Es war wie ein gemeinsamer Tanz, der nichts kannte außer Freude, Aufmerksamkeit und Einssein.

Als ich den Weg einschlug, der mich zurück zu meinem Auto führen sollte, blieb der Marder stehen und verabschiedete sich. Er wäre ein Wesen des Waldes und würde nun nicht mehr weiter mitkommen, teilte er mir mit. Und ich konnte nicht anders, als ganz nach Menschenart zu fragen: "Warum hast du mich eigentlich überhaupt begleitet?" Gleichzeitig dachte ich mir, dass dies eine dumme Frage ist. Eine Frage eben, die nur ein Mensch stellen kann. Im Grunde bemühe ich mich, nicht so viel zu fragen, sondern einfach die Freude anzunehmen und dankbar zu sein, ohne dieses ewige "Warum". Aber der Marder antwortete mir trotzdem: "Wenn ihr Menschen Teil der Natur werdet, dann seid ihr auch ein Teil von uns Tieren und wir müssen euch nicht fürchten. Solange ihr euch aber getrennt von Gottes Schöpfung wahrnehmt und nicht erkennt, dass die Trennung eine Illusion ist, so lange werdet ihr uns Tiere jagen, verfolgen, misshandeln, missachten und töten. Erst wer begriffen hat, dass wir alle aus einem Geist entstanden sind, wird aufhören mit all den grausamen Dingen. Er wird lernen, uns zu loben, wie du uns lobst, wenn du eins wirst mit dem Wald und allen seinen Geschöpfen. Als du den Wald betreten hast, wurdest du ein Teil von ihm und er ein Teil von dir. Im Einssein löst sich die Angst auf – deine und meine – und du wirst jeden Augenblick loben."

Seit dieser Lehre, die mir mein Freund, der Marder, gegeben hat, betrete ich den Wald in einer verwandelten Wahrnehmung. Es ist, als würde ich am Waldrand durch ein Tor in eine andere Welt treten. In vollem Bewusstsein überschreite ich die Schwelle und nehme mir vor, meine Aufmerksamkeit nun nicht mehr aus dem Wald hinausschweifen zu lassen, sondern sie bei mir zu halten und mit dem Zauber des Waldes eins zu werden. Es ist eine sehr gute Übung, um die Achtsamkeit zu halten und bei uns zu bleiben – im jetzigen Moment.

Anfangs müsst ihr nicht so weit gehen, ein kleines Stück genügt, um euch langsam darin zu üben, euch selbst bei jedem Schritt nicht zu verlieren, eins zu sein mit euch und darüber hinaus eins zu sein mit dem Wald. Nehmt alles bewusst wahr, betrachtet einen Baum, die Muster seiner Rinde. Erkennt ihr darin ein Gesicht, eine Gestalt oder ein Tier? Wie kraftvoll sind seine Wurzeln! Auch sie haben oft wunderbare Formen und Windungen. Was erkennt ihr in ihnen? Spürt ihnen nach und fühlt, wie tief sie in die Erde reichen und wie viel Kraft und Halt sie dem Baum geben.

Nun hebt ihr euren Blick hinauf zu seinen Ästen. Wie weit er sich nach oben streckt – dem Licht entgegen – dem Himmel, der Heilung verheißt. Auch ihr könnt eure Arme ausstrecken und spüren, wie ihr eins werdet mit dem Baum. Er fühlt und ihr fühlt – beide verfolgt ihr das gleiche Ziel – ihr strebt dem Licht entgegen.

Setzt euren Weg fort, eure Sinne weit geöffnet und bereit wahrzunehmen, was euch gezeigt wird. Vielleicht schenkt ein Vogel euch eine Feder. Plötzlich liegt sie da. In welche Himmelsrichtung zeigt sie? Nehmt sie in die Hände und richtet euch in diese Himmelsrichtung aus, schließt die Augen und spürt nach, was euch von dort geschenkt wird. Lauscht dem sanften Wind. Welche Worte steigen in diesem Moment in euch auf? Möglicherweise ist es "Glück", "Frieden", "Erfolg", "Sanftmut", "Inspiration", "Erweiterung", "Wachstum", "Weisheit", "Stärke", "Liebe", "Leichtigkeit", "Konzentration", "Führung", "Flexibilität", "Freude", "Heilung" ... Spürt, wie ihr diese Worte in euch aufnehmt, wie sie durch euer ganzes Sein fließen. Lobt den Wind, lobt die Himmelsrichtung, lobt die Feder, lobt den Vogel und lobt Gott für diese großartige Schöpfung, die euch alles zur Verfügung stellt und es zur richtigen Zeit in euer Leben treten lässt.

Während ihr weitergeht, spürt ihr bei jedem eurer Schritte – bei jeder Berührung eures Fußes mit dem Boden – die Geborgenheit, die Mutter Erde euch schenkt. Und nun bleibt ihr stehen und nehmt euch vor, etwas zu entdecken, das ihr noch nie zuvor in eurem Leben gesehen habt. Schaut euch um – es gibt so unendlich vieles zu entdecken. Ist es eine schöne Blume, ein Pilz, ein Beerenstrauch oder weiches, sanftes Moos? Selbst wenn ihr euch sagt: "Ach, Glockenblumen kenne ich doch schon! Moos habe ich schon oft gesehen, und einen Ginster, den habe ich selbst im Garten." Das ist nicht das, was ich meine. Es ist genau diese kleine, zarte Glockenblume, die ihr noch nie in eurem Leben gesehen habt. Oder der Ginster – genau dieser ist nicht in eurem Garten, dort steht ein anderer. Diesen nehmt ihr heute zum ersten Mal wahr. Seid euch darüber bewusst, dass ihr diesem Pflanzenwesen das erste Mal in eurem Leben begegnet.

Setzt euch zu ihm, berührt es sanft, streichelt über seine Blätter und nehmt Kontakt zu ihm auf. Betrachtet es, all seine Einzelheiten, und lobt es für seine Schönheit. Atmet tief durch die Nase ein, und nehmt seinen Duft war. Dann schließt langsam die Augen, ganz langsam geht ihr in einen tieferen Bewusstseinszustand und weitet euer Sein zur Pflanze hin aus. Spürt, wie euer Energiefeld sich mit dem Energiefeld der Pflanze verbindet. Haltet dieses Gefühl, ohne dabei etwas zu erwarten. Seid einfach da in diesem Moment, an diesem Ort, eins mit der Kraft des anderen Wesens.

Wenn ihr wieder bereit seid, eure Augen zu öffnen, dann tut dies so langsam, wie es euch nur möglich ist, und schaut euch ebenso bedächtig um. Ihr werdet feststellen, dass sich eure Wahrnehmung verändert hat. Ihr seht mit euren Augen, aber aus dem Bewusstsein der Pflanze heraus, mit der ihr eins geworden seid.

Es gibt bei einem solchen Waldspaziergang unendlich viel zu entdecken, wahrzunehmen und zu erkunden. Alles, was wir finden, kann uns zu einem neuen Experimentieren mit unseren Sinnen einladen, es kann uns inspirieren und erweitert bei jedem Mal unser Bewusstsein. Ob es ein Stein ist, der unsere Aufmerksamkeit anzieht mit seinen Furchen und Rillen, oder ob seine Form uns etwas mitzuteilen hat, ob es Blätter sind, die der Wind uns entgegenwirbelt, oder Tiere, die uns begegnen – alles kann uns lehren und weiterführen auf unserem Weg zu einer immer besseren, feineren Wahrnehmung auf allen Ebenen.

Wenn ich aus dem Wald hinausgehe, gehe ich ebenso bewusst durch das Tor und verlasse diese magische Welt. Der Wald öffnet mein Herz, und wenn ich wieder aus ihm heraustrete, denke ich daran, mein Herz offen zu halten, um die Schönheit außerhalb des Waldes ebenso wahrzunehmen, um den Frieden und die Liebe in mir weiterzugeben und all die Gaben zu loben.

Das Herz öffnen

Da man uns verletzt hat, errichten wir eine Mauer
um uns herum, damit man uns nie wieder verletzen möge;
und wenn man eine Mauer um sich herum errichtet,
(...) wird man nur noch mehr verletzt.

(Krishnamurti)

Viele Menschen verschließen ihre Herzen aus Angst vor Verletzungen. Es ist jedoch eine falsche Vorstellung zu glauben, dass ein Herz voller Liebe jemals von einer Verletzung, Beleidigung oder Demütigung erreicht werden könnte. Wenn wir uns darin üben, die Liebe in uns aufrechtzuerhalten, werden wir erkennen, dass wir die Worte, die uns entgegengebracht werden, zwar hören, aber sie werden unsere Seele nicht erreichen. – Menschen, die andere bewusst verletzen, tragen selbst tiefe Wunden in sich. Mit Liebe in uns werden wir Mitgefühl mit ihnen haben. Doch mit verschlossenem Herzen sind wir nicht fähig, ihre Wunden zu spüren, und unsere eigenen werden noch tiefer.

Wenn wir beginnen wollen, die Fähigkeit eines offenen Herzens zu entwickeln, sollten wir die Natur als unseren Lehrer wählen. Denn von der Natur können wir lernen, was bedingungslose Liebe ist. Sie führt uns zu uns selbst und hilft uns, das Licht in uns zu erkennen. Schönheit zu betrachten, diese Bilder aufzunehmen, stärkt und nährt unsere Seele. Diese Kraft nehmen wir mit nach Hause, und sie ist das Heilsamste, das wir für unsere Seele tun können.

Je öfter wir die Verbindung mit der unberührten Schöpfung suchen – ob im Wald, in unserem Garten oder bei einem Spaziergang über die Felder –, umso stabiler werden wir das Licht und die Liebe in uns halten können.

Das Bewusstsein erweitern – die Wahrnehmung ausweiten

Nur wer vollkommen frei ist von Begriffen,
kann einen Körper unendlicher Ausdehnung besitzen.
(Huang Po)

Wir haben begonnen, uns selbst zu fühlen, und sind danach weitergegangen, uns auf bestimmte Objekte in der Natur zu konzentrieren und unsere Wahrnehmung zu ihnen hin auszuweiten. Wir haben Möglichkeiten kennengelernt, durch die wir unsere Empfindungen feiner machen können – das Spüren des Windes und der Sonne auf unserer Haut und die Reinigung unseres Geistes durch die Kraft der Elemente.

Jetzt gehen wir noch einen Schritt weiter und dehnen unsere Wahrnehmung in die Unendlichkeit aus. Die Unendlichkeit wahrzunehmen heißt, dass wir jegliche Vorstellung von einem Ziel aufgeben. Wir denken nicht mehr daran, was uns erwartet, was wir erhalten oder wie sich das Ankommen gestalten könnte. Wir denken nicht mehr daran, was das Ankommen überhaupt bedeutet, was es ist, woraus es besteht.

Ein Gefühl für Weite erhalten wir beim Blick über das Meer. Wir sitzen am Strand oder auf einem Felsen, und vor uns erstreckt sich das Meer bis an den Horizont. Dort wird das Wasser vom Himmel berührt. Unser Planet trifft auf die Endlosigkeit des Universums.

Bevor du mit dieser Übung beginnst, spüre die Erde unter dir, ganz bewusst verbindest du dich mit dem Ort, an dem du sitzt. Nun lass deinen Blick über die Meeresoberfläche gleiten – langsam, immer weiter und weiter bis zum Horizont. Verweilte einen Augenblick an diesem Punkt und spüre, wie groß du bist, wie weit.

Dann öffnet sich der Horizont für dich, und du trittst ein in die Endlosigkeit des Himmels. Dein Blick wandert weiter nach oben. Du kannst dich zurücklehnen, und deine Ausdehnung geht jetzt in die Höhe. Du blickst in das Blau, das sich über dir spannt. Weiter, weiter, immer weiter dehnt sich dein Sein aus. Je länger du schaust, desto eher wirst du spüren, wie sich das Blau bewegt, wie es sich dir zuneigt oder wie du in es eintrittst – du wirst eins mit dem Himmel über dir und bist eins mit der Erde unter dir. Es gibt nichts zu erwarten. Es geht nicht darum, bestimmte Erkenntnisse zu gewinnen – einfach nur Sein im Gefühl der Grenzenlosigkeit. Du spürst, dass auch du ein endloses Wesen bist – der Mikrokosmos im Makrokosmos.

Als die Menschen noch daran glaubten, dass die Erde eine Scheibe und der Himmel ein Zelt seien, das sich über die Erde spannt, sahen sie die Sterne als Löcher im Himmelszelt, durch welche das göttliche Licht hindurchscheint. Dahinter, so glaubten sie, herrsche die Endlosigkeit des göttlichen

Seins. – Wenn wir bei dieser Vorstellung bleiben, so können wir die Sterne als unzählig viele Eingangstore in die Unendlichkeit des göttlichen Lichtes sehen.

Beginne auch diese Übung damit, dir bewusst zu machen, dass du hier auf der Erde zu Hause bist. Du spürst deutlich den Boden unter dir. Aus diesem Empfinden heraus hebst du den Blick zu einem der Sterne über dir. Dieser Stern ist dein Eingangstor in die Unendlichkeit Gottes. Schreite hindurch und reise weiter, immer weiter ins Licht, das kein Ziel kennt.

Ebenso kannst du auch das Schwarz des Nachthimmels wählen, um dich auszudehnen und die Grenzenlosigkeit zu erfahren. Du reist dabei an den Sternen vorbei – immer weiter und weiter. Lass die Sterne hinter dir und werde weit, groß und in der Unendlichkeit unbezwingbar.

Uns auszuweiten – uns mit der Weite zu identifizieren und eins mit ihr zu werden –, hilft uns zu lernen, wie wir die Wahrnehmung immer leichter ausdehnen können, um alles damit zu umfassen. Dadurch können wir unseren Geist selbst befreien. Denn: Wie oft fühlen wir uns in unserem Alltag eingeengt durch Pflichten, Regeln, Erwartungen? Oft bewegen wir uns wie Gefangene durch unser Leben und sehen keinen Ausweg. Wir wollen raus! Aber wohin? Im Grunde ist das Empfinden, Gefangene unseres eigenen Lebens zu sein, nur die Spiegelung unserer Seele, die wir in die Illusion der Hilflosigkeit zwängen. Durch die stetige Wiederholung dieser bewusstseinserweiternden Übungen können wir unsere Seele jedoch befreien. Wir erfahren, dass wahre Größe unermesslich ist, und erschaffen damit einen Gegenpol zur Enge des alltäglichen Lebens.

Unsere körperlichen Sinne sind etwas Wunderbares – wir können die farbenfrohe Schönheit der Schöpfung sehen, das Lied der Vögel hören, den Duft einer Rose einatmen, das Streicheln des Windes auf der Haut spüren und den Geschmack einer Himbeere auf der Zunge schmecken. Wie viel Freude können wir durch unsere Sinne erfahren, wenn wir daran arbeiten, sie zu verfeinern, indem wir uns diesem Tun ganz bewusst hingeben ...

Lassen wir uns vom Blick auf ein mächtiges Gebirge in den Bann ziehen. Halten wir in unserem Tun inne, und lauschen wir aufmerksam dem Gesang der Vögel. Atmen wir bewusst den Duft einer Rose ein, schließen wir unsere Augen und spüren wir, wie dieser Duft unsere Seele verzaubert. Stellen wir uns in den Wind, und lassen wir uns von ihm streicheln. Und wenn wir unsere Lieblingsfrucht vom Strauch pflücken, schlingen wir sie nicht einfach hinunter, um schon wieder nach der nächsten Ausschau zu halten. Genießen wir stattdessen jede einzelne Frucht, und lassen wir sie voller Hingabe auf unserer Zunge zergehen. Mit all diesem sehr bewussten Tun schulen wir unsere Sinne, machen sie fein und werden das Leben so immer intensiver wahrnehmen und erleben können.

DANKBARKEIT

Dankbarkeit ist sanfte Liebe

Wäre "DANKE" das einzige Gebet,
das du dein Leben lang sprichst, es wäre genug.
(Meister Eckhart)

Die Wahrnehmung der Schönheit ist nicht zu trennen von der Dankbarkeit. Denn erblicken wir die Schönheit durch das Schauen unseres Herzens, wird diesem Erwachen sofort die Dankbarkeit folgen. Dankbarkeit ist sanfte Liebe. Die Schönheit wird uns geschenkt, und wir nehmen sie an. Im Annehmen entsteht dann das Gefühl des Dankes in uns, und dadurch geben wir unsere Liebe weiter. Achtsame Wahrnehmung ist geschenkte Liebe, und daher gibt es keinen Unterschied zwischen Geben und Nehmen in diesem Moment der Achtsamkeit.

Schauen wir uns die zarten Flügel eines Schmetterlings an, die feinen Fäden eines Spinnennetzes, das Glitzern des Taus auf einem Grashalm, die herzlichen Liebkosungen einer Katzenmutter, mit denen sie ihre Jungen verwöhnt, sehen wir uns die Sterne an, wie sie still strahlen – dann wird uns bewusst, wie leise und zart das Leben ist. Fein, zart und sensibel. Wenn wir so miteinander umgehen, dann werden auch ebensolche zarten und feinen Beziehungen unter uns entstehen, alles wird in einer wunderbaren Feinheit erblühen.

Die Bienen summen einen zarten Ton, wenn sie sich einklinken in die Schwingung der Schöpfung. Die Schöpfung sendet diesen Ton ununterbrochen aus, und durch die Verschmelzung mit ihm ist es den Bienen möglich zu fliegen. Sie werden getragen von einem zarten Summen des Seins, das wir mit unseren menschlichen Ohren nicht wahrnehmen können.

Wenn wir die Natur zerstören, gerät dieser Schöpfungston in Disharmonie. Dadurch wird es für die Bienen unmöglich, noch zu fliegen. Viele Bienenvölker sterben bereits oder verschwinden und tauchen einfach nicht mehr auf. Es geht weniger darum, dass wir dadurch keinen Honig mehr auf dem Tisch stehen haben, sondern darum, dass die Befruchtung der Bäume, der Blumen und Kräuter nicht mehr stattfindet und damit die Natur einen wichtigen Helfer für ihre Erhaltung verliert. – Alles ist mit allem verbunden, nichts steht für sich allein und alles hängt vom anderen ab. Dessen sollten wir uns bewusst sein und unser Denken und Handeln darauf abstimmen.

Die Schöpfung ist weich und sanft, Härte ist die Energie der Zerstörung. Doch bevor etwas Neues entsteht, braucht es oft erst einmal die Zerstörung. Sterne, die aufeinanderprallen, tun dies mit einer unsagbaren Wucht, aber wenn die neuen Sterne daraus entstehen, ist alles sanft und zart.

Ein Kind zu gebären, kostet unglaublich viel Kraft – sowohl für die Mutter als auch für das Kind; Mutter und Kind werden voneinander getrennt. Aber wenn das Neugeborene der Mutter in die Arme gelegt wird, umgibt beide eine Liebe, eine Sanftheit, die keine Worte kennt. So entsteht eine neue Verbindung durch das Band der Liebe zueinander.

Die Zerstörung müssen wir nicht übernehmen, diese hat sich bereits verselbstständigt. Unsere Aufgabe ist es jetzt, für die Entstehung des Neuen zu sorgen. Wir haben es in der Hand. Widmen wir uns dem Außen durch Sanftheit, Weichheit und in Liebe, werden sanfte, zarte und liebevolle Dinge und Beziehungen entstehen. Diese Qualitäten haben eine Kraft, die uns Harmonie und Schönheit bringt. Wucht und Härte dagegen haben nur die Kraft der Zerstörung.

Dankbarkeit enthält die Energie der Liebe und der Sanftheit. Wenn wir dankbar sind, öffnet sich unser Herz. Mit geöffnetem Herzen ertragen wir keine Härte, und es ist uns unmöglich, Härte auszusenden. Mit geöffnetem Herz sind wir weich, zart und auch verletzlich. Die Welt braucht Menschen mit offenen Herzen, denn diese erschaffen eine Welt, die uns Liebe und Schönheit bringt. Etwas anderes ist nicht möglich.

Viele Menschen fürchten sich davor, ihr Herz weit zu öffnen. Oft genug mussten sie erleben, wie verletzlich sie dadurch werden. Verletzlichkeit macht uns sensibel. Sensibilität wiederum ist der einzige Weg zu Mitgefühl. Mitgefühl ist gelebte Liebe, und letztendlich ist es die Liebe, welche Heilung und Wandlung bringt. Haben wir die Kraft der Liebe in unseren Herzen entdeckt, verlieren alle Verletzungen ihre Macht. Und so gelingt es uns, über diesen Weg die Liebe zu halten, unsere Herzen dauerhaft zu öffnen und die Energie der sanften Schöpfung und des liebevollen Erschaffens aufrechtzuerhalten.

Auf diese Weise erschafft Dankbarkeit immer wieder Neues. Sobald wir dankbar sind, schließen wir etwas ab und betreten gleichzeitig einen neuen Pfad, der uns zu anderen Dingen führt, zu ungeahnten Chancen, die erst dann in unser Leben treten können, wenn wir zuvor dankbar sein konnten für das, was war.

Wir wissen immer sehr schnell, wofür wir nicht dankbar sein können. Viele erinnern sich daran, wie wenig Zeit die Eltern hatten, dass sie zu wenig Zuwendung von ihrer Mutter erhielten oder zu wenig Anerkennung vom Vater. Sie finden das Leben beschwerlich durch die ständige Angst, die Arbeit zu verlieren, zu wenig Geld zu verdienen, den Partner zu verlieren, mit den Kindern nicht mehr klarzukommen und so weiter. Jeder findet viele Dinge, über die er klagen kann. Aber wenn wir einige Schritte zurücktreten und ganz objektiv auf unser Leben schauen, so werden wir alle erkennen, dass es sehr viel mehr gibt, wofür wir danken können, worüber wir glücklich sein und uns freuen können. Jetzt haben wir genug zu essen, wir haben ein Zuhause, können mit unseren Kindern lachen und vieles mehr. Schauen wir uns an, was wir alles erlebt haben, wie wir geführt werden, wie wir jeden Tag aufs Neue die Möglichkeit haben, uns an der Schönheit des Lebens zu erfreuen – an den Farben, dem Himmel, der Natur, dem Lachen eines Kindes, dem Blühen einer Blume und der Umarmung eines lieben Freundes.

Schicksalsschläge erreichen uns alle irgendwann einmal, und es gibt niemanden auf der Welt, der nicht sein Päckchen zu tragen hat. Diese Momente sind Zeiten des Lernens und Reifens. Sie haben aus uns das gemacht, was wir jetzt sind.

Wir haben Erfahrungen gesammelt, die uns stark gemacht und unser Leben ebenso bereichert haben wie die unbeschwerten Zeiten. Beides gehört zum Leben, und beides erfahren zu dürfen, kann uns ebenfalls wieder dankbar stimmen.

Wenn wir uns vorstellen, alles immer nur mit Leichtigkeit zu erreichen, alles geschenkt zu bekommen, uns nie bewähren zu müssen, nie zu erfahren, wie kraftvoll wir Hindernisse meistern und wie kreativ wir manche Situationen bewältigen können – wie viel Achtung hätten wir dann noch vor uns selbst? Wie eintönig wäre das Leben, und in welchen Situationen hätten wir uns wirklich kennengelernt? Mein Sohn Julian fasste dies in einem Satz zusammen, als er sagte: "Wie dankbar können wir sein, wenn wir erfahren dürfen, dass wir uns mit eigener Kraft aus schwierigen Situationen befreien können."

Das "Gleichnis vom Unkraut" im Matthäus-Evangelium erzählt von einem Mann, der guten Samen auf seinen Acker sät. Als er nachts schläft, kommt sein Feind und wirft den Samen des Unkrauts ebenfalls auf den Acker. Als die Pflanzen wachsen und die Knechte erkennen, was geschehen ist, laufen sie zu ihrem Herrn und fragen: "Herr, sollen wir die schlechten Pflanzen ausreißen?" Der Herr aber antwortet: "Nein, sonst kann es geschehen, dass ihr die guten Pflanzen mit ausreißt. Lasst beides bis zur Ernte wachsen. Dann sammelt zuerst das Unkraut und bündelt es zu Brennholz, den Weizen aber bringt ihr in die Scheune."

Diese Geschichte möchte uns zeigen, dass wir zum Wachstum beide Qualitäten brauchen und dass beide wichtig sind – es gibt weder gute noch schlechte Erfahrungen. Nur wenn jemand die dunklen Seiten des Lebens kennengelernt hat, kann er die lichtvollen schätzen und bereit werden, zu lernen und zu heilen. Wenn der Mensch auf seinem Weg so weit gereift ist, dass er die Fähigkeit entwickelt hat, zerstörerische Energien von fördernden zu unterscheiden, hat er gelernt, das eine vom anderen zu trennen. Dann wird er erkennen, dass er für beides dankbar sein kann und dass ohne die schwierigen Erfahrungen die lichtvollen nicht erreichbar sind.

Dankbarkeit ist der Schlüssel zur göttlichen Quelle

Damit dein Herz glücklich bleibt,
lass es immer voller Dankbarkeit sein.
Dankbarkeit ist der sicherste Weg zum Göttlichen.
(Mirra Alfassa)

Es gibt kein Gefühl, das einen mehr Glück im Herzen spüren lässt, als die Dankbarkeit. Wir hören am Morgen das Konzert der Vögel, betrachten eine schöne Blume oder sind überwältigt vom glühenden Sonnenuntergang nach einem herrlichen Sommertag – und sofort breitet sich in uns ein Gefühl des Glücks aus, das sich nach allen Richtungen ausdehnt. Es ist in solchen Momenten schwer zu sagen, ob das Glück tief in uns ist oder sich weit um uns herum ausbreitet. Es ist wohl überall, und am liebsten würden wir die Schönheit in tiefster Dankbarkeit umarmen. Und in diesem Gefühl der Dankbarkeit wird uns bewusst, dass es hinter aller Herrlichkeit eine größere Macht gibt, die uns diese Geschenke überreicht und sie uns zur Freude erschaffen hat.

In der Tiefe der Seele erreicht uns die Gewissheit über eine erschaffende Kraft im Universum.

Dankbarkeit beschert uns Hochgefühle, die uns für einen Moment ganz über unser Ego erheben. Wir werden durchstrahlt von der Göttlichkeit, und unsere Freude wird erweckt, bringt uns zum Glühen und erfüllt uns mit Reinheit. In diesem Moment wird unser inneres Licht groß und weit, wir werden durchflutet von der göttlichen Essenz. Und dadurch erfahren wir Heilung. Dieses spontane Licht, das uns – unbeeinflusst vom Denken – durchströmt, löst alle Lasten des Alltags auf. Für diesen Moment sind wir frei. Mag sein, dass manche Lasten, nachdem die Flut der Dankbarkeit abgeebbt ist, wieder zu uns zurückkehren. Aber eines ist gewiss: Alle kehren nie zurück. Es bleibt immer ein Mehr an Licht, und die Probleme haben sich durch dieses Erleben verringert.

So kehren wir befreiter in unser Alltagsleben zurück, und was uns bleibt, ist die Gewissheit, dass Dankbarkeit uns durchflutet, wenn wir unser Auge auf die wunderbare Schönheit des Lebens richten. Und wir wissen nun, dass sich dadurch die Lasten auf unseren Schultern mehr und mehr verringern.

So bringt das Wahrnehmen der Schönheit eine Dankbarkeit hervor, die unsere Seele mit Glück erfüllt, uns mit dem Göttlichen verbindet und uns transformiert.

Gott schenkt uns nicht nur Herausforderungen, an denen wir reifen können, sondern auch die Schönheit der Natur, die uns die Möglichkeit gibt, uns selbst zu heilen. Allerdings liegt es in unserer Verantwortung, ob wir das Auge auf das Schöne richten oder auf die Schrecken. Die Schrecken werden uns nicht transformieren. Sie werden unser Licht immer weiter verdecken, und Verzweiflung wird sich ausbreiten. Doch Verzweiflung findet keinen Halt in einem Raum der Dankbarkeit ...

Wahrhaft verantwortungsbewusste Menschen werden die Dankbarkeit daher in sich aufnehmen, sich damit anfüllen und durchfluten, um heil zu werden und glücklich zu sein. In diesem Raum des Glücks erfahren wir die göttliche Quelle in uns und erkennen sie in allem um uns herum.

Die Gnade in uns

Wer sich danach sehnt,
dass die empfangene Gnade in ihm bleibt
und sich vervielfacht, muss dankbar sein.
(Bernhard von Clairvaux)

Was gibt es sonst noch über das Gefühl der Dankbarkeit zu sagen? Entweder man ist dankbar – oder man ist es nicht. Aber eines ist sicher: Die dankbaren Menschen sind die reichen Menschen. Nicht diejenigen sind reich, die viel materiellen Besitz, viel Geld oder Land haben. Sondern diejenigen sind reich, die dankbar sein können für ihr Leben.

Wie viel Freude durchströmt uns jeden Tag, wenn wir dankbar sind, wenn wir erkennen, dass genau dieses Leben für uns das beste ist, das wir erhalten konnten, um zu lernen, um uns zu entwickeln und um uns zu entfalten. Wenn wir in allem, was uns begegnet, eine Chance erkennen für Wachstum und Reife, werden wir durchflutet von Glück.

Wenn wir unser Leben lieben, schenkt uns das eine Erdung, die uns mit Kraft erfüllt. Es dankbar anzunehmen, verbindet uns mit den himmlischen Mächten. Und so werden wir durchströmt von der Liebe von Mutter Erde und dem Licht von Vater Himmel.

Aus dieser sicheren Position heraus erkennen wir, dass uns nichts geschehen kann, denn wir sind die behüteten Kinder dieser beiden Energien. Wenn Himmel und Erde in uns vereint sind, erhalten wir einen Reichtum, den kein Wort beschreiben kann – und für den nicht genug Dankbarkeit ausgedrückt werden kann. Es ist ein Gefühl des Glücks, in dem wir uns auflösen. Wir spüren das Glück nicht mehr nur in uns selbst, sondern wir selbst sind die Verkörperung des Glücks und der Freude.

Was kann uns reicher machen als das Erleben dieser Gnade, welche fähig ist, die ganze Welt zu heilen?

Die Dankbarkeit festigen

Gott, gib mir die Gelassenheit,
Dinge hinzunehmen, die ich nicht ändern kann,
den Mut, Dinge zu ändern, die ich ändern kann,
und die Weisheit, das eine vom anderen zu unterscheiden.
(Reinhold Niebuhr)

Es ist durchaus möglich, die Dankbarkeit in uns zu schulen, zu festigen und unser Leben damit zu verändern, indem wir uns aller Geschenke und der dauernden Anwesenheit von Gottes Gnade bewusst werden.

Hier habe ich einige einfache Beispiele dafür aufgelistet. Erinnere dich aber auch an deine eigene Kreativität und ergänze die Liste; lass dich inspirieren, um eigene Wege zur Schulung der Dankbarkeit in deinem Herzen zu finden.

Da der Name meiner liebsten Freundin "die Strahlende" bedeutet, verbinde ich mit ihr die Sonne und habe mir vorgenommen, jeden Morgen, wenn ich die Sonne begrüße, auch an meine Freundin zu denken und ihr meinen Dank für ihre Freundschaft zu senden. Dieser Dank wird von ihrem

Herzen empfangen und nährt unsere Beziehung. Ich mache mir bewusst, wie wertvoll es ist, in ihre Liebe eingebunden zu sein, und wie schön es ist, ihr meine Liebe zu schenken.

Überlege dir, für wen du auf welche Weise dankbar sein könntest und welche Zeit des Tages du mit dieser Person verbindest. Führe täglich ein kleines Ritual des Dankens durch, indem du dein Herz öffnest für den Menschen, den du liebst.

Wenn du durch die Natur spazierst, hast du viele Gelegenheiten, deine Dankbarkeit auszudrücken. Du kannst dir vornehmen:

Immer wenn die Farben der Blumen mein Auge erfreuen, möchte ich dankbar für ihre heilende Kraft sein.

Immer wenn meine Füße den Boden berühren, möchte ich Mutter Erde danken, dass sie mich trägt und nährt.

Immer wenn ich einen leichten Wind in meinen Haaren und auf meiner Haut spüre, will ich dafür danken, dass Gott mich liebt.

Diese Liste kannst du endlos werden lassen. Anfangs ist es sicher sinnvoll, dich lediglich auf ein oder zwei Aufgaben pro Spaziergang zu konzentrieren. Doch mit der Zeit kannst du dies steigern, und der Spaziergang wird zu einem Spiel oder einem Tanz, der dein Herz weit werden lässt.

Morgens nach dem Aufstehen kannst du eine Liste anlegen, wofür du heute dankbar sein willst. Wofür am Morgen, am Mittag und am Abend? Für jede Tageszeit kannst du dir vornehmen, für etwas ganz Bestimmtes dankbar zu sein.

Wenn du den Tag beendest, nimmst du dir deine Liste wieder vor Augen und ergänzt, wofür du sonst noch dankbar sein konntest, welche wunderbaren Überraschungen dir unerwartet beschert wurden – am Morgen, am Mittag, am Abend ...

Du kannst diese Liste erst einmal eine Woche lang als eine Art Tagebuch führen – und sie am Ende der Woche noch einmal betrachten. Wie reich ist dein Leben! Lohnt es sich nicht, für all diese Geschenke zu leben und glücklich zu sein?

Schließe für einen Augenblick deine Augen, öffne dein Herz und tritt ein – spüre, wie die Kraft der Dankbarkeit in dir leuchtet. Spüre, wie sie Segen in dein Leben bringt und dein Leben bereichert. – Wer möchte, kann diese Übung beliebig lange weiterführen. Sie eröffnet dir eine ganz neue Sichtweise auf dein Leben.

Erinnere dich, wann du dich das letzte Mal bei jemandem bedankt hast – einfach dafür, dass er für dich da ist. Wann hast du deinem Partner das letzte Mal für euer Zusammensein gedankt? Wann hast du deinen Kindern für die vielen schönen Stunden gedankt? Wann hast du dich bei deinen Eltern für all die Liebe, die sie dir geschenkt haben, bedankt? Wann hast du dich bei deinen Kollegen für die inspirierende Zusammenarbeit bedankt? Wann hast du der Bäckereiverkäuferin, dem Postboten, dem Nachbarn für die Freundlichkeit gedankt, die du ganz selbstverständlich annimmst?

Mache dir eine Liste von allen Menschen, die dein Leben begleiten, und nimm dir vor, jeden Tag einem anderen zu danken, indem du ihm sagst, wie sehr du dich über seine Freundlichkeit freust oder seine Hilfe bei der Arbeit, für seine Dienste, für seine Liebe und seine Aufmerksamkeit. Du kannst dem einen oder anderen ein kleines Geschenk mitbringen – einen schönen Kristall, eine Blume, ein Stück selbstgebackenen Kuchen. Oder schicke einem lieben Freund eine schöne Dankeskarte. Es gibt endlos viele Möglichkeiten, sich zu bedanken. Nimm dir für jeden Tag eine Person vor, bis du allen deine Dankbarkeit kundgetan hast.

Danach beobachte, wie sich dein Leben verändert. Wie gehen die Menschen jetzt auf dich zu? Wie verändert sich eure Beziehung? Und wie veränderst du dich selbst – welche Energie erhält dein Leben?

Wenn du Freude daran findest, wirst du weiteren Menschen begegnen, denen du danken kannst. Zeige weiter, wie dankbar du darüber bist, dass sie mit dir gemeinsam auf diesem Planeten leben und dein Leben begleiten. Heiße sie willkommen auf Mutter Erde, und trage damit einen wesentlichen Teil für den Frieden unter uns bei.

Das Wichtigste bei all diesen Übungen ist natürlich, dass du alles, was du tust, mit offenem und freiem Herzen tust. Du musst bereit sein, eine Veränderung bewirken zu wollen – das Zauberwort heißt: Dankbarkeit.

Es ist sicher ratsam, sich nicht alle Übungen auf einmal vorzunehmen, sondern sich für den Anfang diejenige auszuwählen, bei der es dir am leichtesten fällt, dein Herz ganz zu öffnen. Sei überzeugt von deinem Tun – überzeugt von ganzem Herzen, sei diszipliniert in der Durchführung und habe Vertrauen in diesen Weg, der deine Seele transformiert, der dein Herz weitet, der das Licht in dein Leben einziehen lässt. Denn nicht die Umstände beeinflussen das Leben, sondern wir selbst sind es, die fähig sind, unser Leben zu verändern.

Dankbarkeit ist wie ein kleiner goldener Schlüssel, der uns das Leben öffnet und uns mit ihm verbindet. Erst wenn wir dankbar sein können, zeigen sich neue Möglichkeiten in unserem Leben. Solange wir nicht lernen, dankbar zu sein für alles, was das Leben uns schenkt, sitzen wir fest – wir kommen nicht weiter, kommen nicht mehr voran. Deshalb: Lass dir für die Kraft der Dankbarkeit Zeit, und lass zu, dass sie sich in dir festigt, bevor du weitergehst auf deinem Weg.

Und zuletzt: Nutze diese Möglichkeit, um dich selbst durch die Kraft des Dankbarseins zu ändern, und sei dankbar, dass du dein Leben damit auf eine solch wunderbare und lichtvolle Weise beeinflussen kannst.

ANNEHMEN

Der Zauber des Lebens

Lass los, was du festhältst,
und alles wahrhaft dir Gehörende
wird wie durch einen Zauber
sofort in deinem Leben erscheinen.
(Paul Williams)

Wir haben gelernt, das Leben wahrzunehmen, und wir haben gelernt, für diese Lebendigkeit zu danken. Es ist uns bewusst geworden, wie reich wir beschenkt sind, wie strahlend die Herrlichkeit sich um uns legt und wie wir sie in uns aufnehmen oder in uns selbst entdecken können.

Damit sind wir an einem Punkt angelangt, an dem wir lernen können, das Leben in Fluss zu bringen. Leben ist Bewegung. Denn erst wenn alles fließt – harmonisch, kraftvoll, ohne Stockungen und ohne Blockaden –, wird es hingebungsvoll, sanft und voller Frieden. Dann beginnen wir, unser Leben zu leben – und lassen uns nicht vom Leben leben. Wir sind eins mit ihm und fließen im Rhythmus göttlicher Bewegungen, getragen im Vertrauen und durch die Macht der Liebe.

Diese Energie bringen wir ins Fließen, wenn wir uns bewusst machen, dass für ein gleichmäßiges Strömen die Gabe des Loslassens und Annehmens unabdingbar ist. Nur wenn wir bereit sind loszulassen, kann uns etwas Neues geschenkt werden. Nur wenn wir bereit sind anzunehmen, wird unser Leben erfüllt. Loslassen und annehmen sind die beiden Pole, die wir in Balance bringen müssen, um einen Gleichmut zu fördern, der uns von jeder Anhaftung und jeder Verstrickung befreit.

Das Freiwerden von der Vorstellung, wir könnten oder sollten etwas festhalten, um Sicherheit in unser Leben zu bringen, wird uns ein Leben in Freiheit schenken. Und ist es nicht das, was wir alle anstreben – frei sein? Frei sein bedeutet nicht, sich alles kaufen oder die ganze Welt zu jeder Zeit bereisen zu können. Frei sind wir, wenn wir alle inneren Fesseln lösen, alles durchtrennen, was uns ankettet – an Besitztümer, an Beziehungen, an Wohnorte und an alle anderen Vorstellungen, die wir glauben, für unser Glück zu benötigen. Wenn wir erst einmal lernen, etwas zu verschenken, weil wir festgestellt haben, dass wir es nicht wirklich brauchen, wird sich das Gefühl der Freiheit in uns ausbreiten. Wir erleben dadurch eine Freude und ein Glück, die uns spüren lassen, wie alles leichter wird, je mehr wir bereit sind loszulassen.

Den freien Raum schaffen – loslassen

Erst wenn man seine Lebensgeschichte
mit allen daran geknüpften
Hoffnungen und Ängsten loslässt
und allen vergangenen Kummer,
kann der Geist zur Ruhe kommen und
das Herz sich öffnen.
(Jack Kornfield)

Ich sitze an meinem Schreibtisch und schaue aus dem Fenster auf die große alte Linde hinter meinem Haus. Bitterkalt war es heute Nacht, aber jetzt strahlt der Himmel in herrlichstem Blau. Diese wunderschöne Linde beschert mir immer wieder unterhaltsame Pausen bei meiner Arbeit. Jetzt sehe ich, wie sie ihre Blätter fallen lässt. Eines nach dem anderen. *Wenn sie so weitermacht*, denke ich, *dann ist sie in drei Tagen kahl.*

"Heute ist ein guter Tag zum Loslassen!", antwortet sie mir auf meine Gedanken.

Ich verbinde mich mit der Linde, ich spüre ihr Loslassen in mir. Ich spüre, dass sie es aus ihrer eigenen Kraft heraus tut und bin erstaunt, wie viel Energie sie nach dem Sommer immer noch in sich hat.

"Loslassen geht nur aus der inneren Kraft heraus", kommt eine weitere Antwort auf meine Gedanken.

Ich gehe in mich, um meine Kraft zu sammeln, sie in mir zu spüren. Ich gebe meiner Kraft durch meinen Atem noch mehr Energie und verbinde mich mit dem Sein der Linde. Wir werden eins.

In dieser Verbundenheit betrachte ich das Fallen der Blätter. Eines nach dem anderen schwebt leicht und sanft zu Boden. Das leichte Hinabschweben der Blätter entspannt meinen Körper, meine Seele, meinen Geist. Ich spüre, wie die Schmerzen, die ich die letzten Tage in meinem Rücken spürte, wie die Blätter der Linde zu Boden schweben und von Mutter Erde aufgenommen werden.

"Ich werde einen guten Boden daraus für dich erschaffen, auf dem du festen Schrittes deinen Weg gehen kannst", teilt mir Mutter Erde mit.

"Danke, Mutter Erde, danke, Lindenbaum - ich segne euch."

Heute ist ein guter Tag zum Loslassen.

Im Leben eines jeden von uns sammeln sich im Laufe der Zeit unendlich viele Dinge an - seien es materielle Güter, Glaubenssätze, Verhaltensmuster, Erinnerungen, unerfüllte Wünsche oder Sehnsüchte. Das Anhäufen dieser Dinge schafft in uns und um uns Blockaden. Wir bauen das Leben förmlich mit diesen Dingen zu. Wir türmen sie um uns auf und versperren dadurch die Sicht in die Weite, den Weg in die Zukunft, und wir verhindern, dass das Leben uns findet.

Dieses unaufhörliche Sammeln hat nichts mit unserer ursprünglichen Natur zu tun. Wenn die Linde ihre Blätter in dem Wissen fallen lässt, dass nur dadurch Ruhe einkehrt und aus der Ruhe Neues entstehen kann, werden wir darauf aufmerksam gemacht, ebenfalls diesem natürlichen Rhythmus zu folgen. Das Leben ist Werden und Vergehen, und so sollten wir die vergangenen Zeiten an uns vorüberziehen lassen, loslassen und die Ruhe dieses Augenblicks spüren, um uns dann den neuen Momenten zuzuwenden.

Unsere Kindheit

Der Schwache kann nicht verzeihen.
Verzeihen ist eine Eigenschaft des Starken.
(Mahatma Gandhi)

Was die meisten von uns am Voranschreiten hindert, sind die Erinnerungen an ihre Kindheit. Die Versöhnung mit den Eltern scheint schwer zu sein, die Wunden der Verletzungen sind bei manchen noch nicht verheilt. Es kommt uns so vor, als könnten wir diesen Berg niemals überwinden. Jedoch: Wenn wir die Wege der Wahrnehmung und Dankbarkeit wirklich durchschritten haben, erkennen wir, dass die Liebe in uns wohnt, dass Gott uns liebt und dass wir die Kraft dieser Liebe entfachen können, um den scheinbar schweren Weg der Versöhnung mit unseren Eltern und unserer Kindheit zu gehen.

Jeder von uns hatte die besten Eltern, die er haben konnte. Genau durch diese Eltern wurden wir das, was wir jetzt sind, und erhielten die Kraft, unseren Weg weiterzugehen. Wir durften lernen, stark zu sein, wir durften uns selbst erfahren. Sie haben uns das Leben geschenkt, und Gott schenkt uns alle Möglichkeiten, um unsere Bestimmung zu leben – wie auch immer sie aussehen mag.

Ohne unsere Eltern wären wir nicht hier, und ohne die göttliche Kraft könnten wir nicht den Ursprung in uns finden, erkennen und leben; wir hätten nicht die Möglichkeit zu erfahren, wer wir wirklich sind. Unsere Eltern gaben uns das Beste, zu dem sie fähig waren. Vergessen wir nicht: Auch sie hatten ihre Wunden, ihren Kummer, ihre Sorgen – und sie waren doch bereit, für uns da zu sein, uns zu ernähren, uns zu kleiden und uns nach ihren Möglichkeiten zu lieben. Wer nun bereits eigene Kinder hat, der weiß, dass es als Elternteil kaum möglich ist, immer perfekt zu sein und alles richtig zu machen. Aber wir geben unser Bestes – genauso wie unsere Eltern ihr Bestes gaben. Sie sind wundervolle Menschen – wie alle Menschen wundervoll sind – Gottes Schöpfung mit all ihren liebevollen und kummervollen Seiten. Und es sind Menschen, die fühlen, die denken, die hoffen, die träumen, die sind.

Arbeitet an der Vergebung zu euren Eltern, meditiert dafür, geht in euch und spürt die Wahrheit ihrer Liebe. Seinen Eltern restlos zu vergeben, ist ein Weg, der unterschiedlich lang sein kann. Geht ihn nach euren Möglichkeiten, und nehmt euch immer wieder die Zeit, in die Liebe zurückzukehren, wenn ihr an eure Eltern denkt. Wenn euch Emotionen wie Wut, Hass, Ärger oder Trauer begegnen, dann verdrängt diese Gefühle nicht. Nehmt sie wahr und seid bereit, sie bewusst loszulassen. Ihr müsst es wirklich wollen – und dann auch umsetzen. Denn wie Goethe schon sagte: "Es ist nicht genug zu wissen, man muss es auch anwenden. Es ist nicht genug zu wollen, man muss es auch tun."

Emotionen sind starke Energien, die uns an die Vergangenheit binden, und es wird uns unmöglich loszulassen. Daher ist es wichtig, dass ihr lernt, eure Emotionen wahrzunehmen und zu transformieren – immer wieder und wieder. Nach dem Loslassen spürt ihr, wie das Licht der Liebe euch erfüllt. Lasst keinen leeren Raum bestehen – sondern füllt ihn sogleich mit Ruhe und Frieden auf. Spürt eine tiefe Dankbarkeit in euch für dieses Wunder der Transformation.

Jede hemmende Emotion bindet uns an alte Muster. Daher sollten wir als Erstes die Emotionen von uns trennen, um in die Liebe zurückzukehren. Wenn ihr also Wut, Ärger, Hass oder Trauer euren Eltern und eurer Kindheit gegenüber fühlt, so wählt ein Ritual des Loslassens, denn gerade Rituale helfen und unterstützen uns dabei. Ihr könnt euch hierbei von den transformierenden Ritualen inspirieren lassen, über die ich im Kapitel "Der Weg" geschrieben habe. Jeder von euch kann selbstverständlich weitere Rituale kreieren. Alles ist möglich, solange wir vom positiven Ergebnis überzeugt sind.

Es mag sein, dass wir unsere Wut oder unsere Trauer mehrmals loslassen müssen, bis wir eine deutliche Befreiung spüren. Das kann daran liegen, dass wir unsere Überzeugung erst einmal stärken müssen – oder auch, dass diese Emotionen auf mehreren Ebenen gespeichert sind und wir Schritt für Schritt dazu aufgerufen werden, uns zu befreien.

Ihr könnt auch eine Meditation entwerfen, die euch hilft, euer Herz frei zu machen und es mit der Liebe zu euren Eltern zu füllen. Ich möchte hierfür ein Beispiel geben:

Setze dich bequem hin. Nimm eine aufrechte Haltung ein, damit dein Atem leicht und tief fließen kann.

Schließe deine Augen, und atme tief ein und wieder aus – finde deinen Atemrhythmus, und spüre, wie Ruhe sich in dir ausbreitet.

Nun siehst du einen Weg vor dir. Der Weg ist hell, und du kannst bequem darauf gehen. Du spürst ein Verlangen in dir, diesem Pfad zu folgen. Also machst du dich auf den Weg.

Nachdem du ein Stück gegangen bist, kommst du an ein großes Tor. Es ist so groß, dass du nicht sehen kannst, was dahinter liegt.

Links neben dem Tor steht eine Truhe. Darin muss der Schlüssel für das Tor sein, denkst du, und du öffnest den Deckel. Weißes, strahlendes Licht scheint dir entgegen.

Das Licht fordert dich auf, alle deine hinderlichen Emotionen in die Truhe zu werfen. Es sind Masken, die dir den Blick auf die Wahrheit verwehren: die Maske der Wut, die Maske der Trauer, die Maske der Angst, die Maske der Ärgernisse und so weiter – wirf alles hinein!

Fühle, wie dich dies näher bei dir ankommen lässt. Alles ist leichter. Du musst deine Kraft nun nicht mehr an destruktive Gefühle verschwenden und dadurch ein Trugbild aufrechterhalten, dass dich daran hindert, frei in deine Zukunft zu schreiten, um der zu sein, der du wirklich bist.

Langsam gehst du näher auf das Tor zu.

Als du direkt davorstehst, entdeckst du ein Schild. Darauf steht in großen Buchstaben geschrieben: "Das Tor zum Herzen deiner Eltern."

Du öffnest das Tor und trittst ein.

"Willkommen!", rufen dir deine Eltern liebevoll entgegen.

Bitte nun deine Eltern, dass sie dir ihre Liebe zeigen und welche Auswirkungen diese Liebe auf dein Leben hat.

LASS GESCHEHEN, WAS GESCHIEHT, UND NIMM DIE GEGENSEITIGE LIEBE IN DIR BEWUSST WAHR.

Dann danke deinen Eltern für ihre Liebe, ihre Sanftheit und ihre Botschaften, die sie dir für dein Leben gegeben haben, und verabschiede dich von ihnen.

Du gehst zurück zum Tor, öffnest es und trittst hinaus.

Hinter dir schließt du das Tor wieder und weißt, dass du jederzeit in das Herz deiner Eltern eintreten kannst. Es ist nicht verschlossen, das Herz deiner Eltern ist immer für dich geöffnet.

Du siehst die Truhe an der Seite des Weges stehen und erinnerst dich, wie du deine Masken hineingeworfen hast. Du brauchst diese Masken jetzt nicht mehr, denn du hast die wahre Liebe deiner Eltern erfahren und kennst den Weg in ihre Herzen.

Nun kannst du aus deinem Herzen heraus stark sein und weißt, dass es auch in dir einen Ort gibt, an dem du in reiner Liebe mit deinen Eltern verbunden bist. Es ist eine Verbundenheit von Herz zu Herz – ganz frei von jeder negativen Emotion.

Dankbar für das Wissen, diesen Weg jederzeit gehen zu können, um loszulassen, wenn es noch etwas loszulassen gibt, und dankbar für die Quelle der Liebe, die euch miteinander verbindet, gehst du zurück in deinen Körper, spürst den Stuhl unter dir, den Boden unter deinen Füßen. Du dehnst und streckst dich, öffnest befreit die Augen und lächelst.

Nun denke noch einmal an deine Eltern und daran, wie sehr sie dich lieben und wie sehr du sie liebst. Liebe und Vergebung sind die Schlüssel, die uns die Freiheit schenken.

Solltet ihr in all eurem Bemühen alleine nicht weiterkommen, so sucht euch jemanden, der ein Begleiter und Vertrauter in dieser Zeit ist für euch. Dies könnte ein guter Freund, ein spiritueller Heiler oder ein Psychotherapeut sein.

Vielen Menschen fällt es schwer, mit den Eltern über ihre Probleme mit ihnen zu reden, und es ist auch nicht nötig. Wichtig ist, was ihr in euren Herzen spürt – wichtig ist, dass ihr bemerkt, wie die Liebe den freien Raum in euch ausfüllt. Sobald ihr erfüllt seid von dieser Liebe euren Eltern gegenüber, werden sie dies auch ohne Worte spüren, und es entsteht eine Offenheit in der Beziehung, die eine Befreiung auf beiden Seiten ermöglicht.

Wenn wir fähig werden, uns mit unseren Eltern auszusöhnen, spüren wir, wie wertvoll uns unsere Kindheit plötzlich erscheint. Was konnten wir alles lernen – und wie konnten wir reifen, erwachsen werden und Selbstverantwortung lernen! Wir können stolz auf uns sein, dies alles erreicht zu haben. Wir freuen uns darüber. Und in dieser Freude geschieht es, dass wir uns auch mit unserer Vergangenheit versöhnen und sie in Dankbarkeit loslassen können. Es ist lediglich noch eine Erinnerung da, die wir nun als das sehen können, was sie ist: ein Teil unseres Lebens.

Es ist befreiend, alles loszulassen, was uns bisher niedergedrückt hat. Jetzt ist es möglich, die Liebe zu spüren, durch die wir das geworden sind, was wir jetzt sind. Wir haben alle Fähigkeiten entwickelt, um unseren eigenen Weg gehen zu können – frei von der Vergangenheit. Denn:

"Was wir loslassen, kann uns nicht mehr festhalten."

(Ernst Ferstl)

Glaubenssätze, Denk- und Verhaltensmuster

Wir sind, was wir denken.
Alles, was wir sind, entsteht mit unseren Gedanken.
Mit unseren Gedanken erschaffen wir die Welt.
(Buddha)

Unaufhörlich kreisen unsere Gedanken um energieraubende Dinge – wir haben Angst, nicht zu genügen, wir haben Angst, Fehler zu machen, wir denken an unsere Erfolge, an Anerkennung, Lob und Achtung.

Sobald wir uns von der Bewertung im Außen abhängig machen, steigert sich unser Wunsch, alles besitzen zu wollen. Wir sammeln materielle Güter, sind "Besitzer" unserer Tiere und unserer Kinder, "besitzen" einen Ehemann oder eine Ehefrau, "besitzen" Licht und Liebe und "besitzen" Gott. Sobald uns etwas gefällt, wollen wir es haben. Wir sehen die Freude des anderen – also wollen auch wir diese Freude haben und beginnen, den anderen nachzuahmen, bis wir erkennen, dass wir in eine leere Sackgasse laufen.

Es ist eine Illusion, dass derjenige erfolgreich ist, der wohlhabend ist – doch sie wird uns stetig vorgegaukelt. Ja, erfolgreich müssen wir sein, um den Standard zu leben, den die Werbung uns als das Ideal präsentiert, und wer erfolgreich ist, ist anerkannt, wird geliebt, wird bewundert. Aber warum brauchen wir all diese Lobesbekundungen aus dem Außen? Wahre Freude hat eine ganz andere Qualität als das Erreichen äußerer Ziele. Sobald wir diese Erkenntnis hatten, werden wir feststellen, wie Erfüllung sich in uns ausbreitet.

Urteilen, beurteilen und verurteilen ist eine Eigenschaft, der wir täglich begegnen, und ein Zeichen für ein starkes Aufflammen des Egos. Sehen wir uns aber einmal den Sinn oder Unsinn von Urteilen genauer an. Urteile gibt es nur in der Dualität, denn wir können ein Groß nur erfassen, weil es auch ein Klein gibt. Wir erfahren den Tag lediglich als solchen, weil er auf die Nacht folgt. Wir erkennen das Schöne durch die Anwesenheit des Hässlichen und das Gute durch die Gegenwart des Bösen und so weiter. Durch das Erfahren solcher Gegensätze begann der Mensch, Urteile zu fällen – dunkel, böse, dumm ist schlecht, während hell, lieb, intelligent gut ist. Wie kommen wir dazu?

Niemand will traurig sein, sondern jeder nur froh und glücklich. Würden wir jedoch die Traurigkeit nicht erleben, könnten wir niemals glücklich sein. Hätten wir noch nie Schwäche in unserem Leben erfahren, gäbe es keinen einzigen Moment, in dem wir uns stark fühlen könnten. Wir wüssten nicht einmal, was stark ist. Nur wer schon Gewalt in seinem Leben erfahren musste, weiß, wie sich als Gegensatz dazu Liebe und Frieden anfühlen und welche wundervolle Kraft die Geborgenheit schenkt.

Die Schönheit wäre nicht zu erkennen, wenn es das Hässliche nicht gäbe. Ist das Hässliche demnach nicht eine wunderbare Qualität, durch die wir erst die Schönheit sehen und uns daran erfreuen können? Sollten wir nun dafür das Hässliche beschuldigen, verurteilen und grundsätzlich aus unserem Leben verbannen? Wodurch wird es uns dann möglich werden, die Schönheit in unserem Leben, in uns und allen Wesen um uns zu erkennen? Ist es nicht wichtig, alles, was ist, wahrzunehmen und seine Notwendigkeit zu begreifen in dem Wissen, dass alle schweren Momente im Leben mit Sicherheit irgendwann vorbeigehen werden – so wie alles vorübergeht?

Ja, alles hat irgendwann einmal ein Ende, alles geht irgendwann vorbei – das Licht der Freude wird abgelöst vom Dunkel der Traurigkeit, damit es danach wieder hell werden kann und die Freude zurückkehrt. Genauso atmen wir ein und wieder aus – wir nehmen die Luft auf und lassen sie wieder los. Das hält uns am Leben. Würden wir nur einatmen, weil wir nicht bereit sind loszulassen, würden wir wenige Minuten später sterben. Das Ein- und Ausatmen ist lebenswichtig für uns, aber wir denken nicht einen Augenblick des Tages darüber nach. Wir tun es einfach. Noch weniger bewusst ist uns die Bewegung unseres Herzens – ein Zusammenziehen und ein Ausdehnen bestimmen den Herzschlag, der unseren Körper leben lässt.

Wenn wir uns immer weiter vom Urteilen, Beurteilen und Verurteilen entfernen, erschaffen wir mehr und mehr ein Leben in Freude und Leichtigkeit, denn wir verstehen den Sinn der Polarität und erheben uns über das dualistische

Empfinden, wodurch wir uns ungehindert dem Gefühl der Einheit nähern. Es ist wichtig, dass wir uns frei machen von Werturteilen, denn wenn wir aus einer höheren Perspektive darüber nachdenken, erkennen wir, dass es Unsinn ist zu urteilen. Es bringt keine Veränderung – weder in uns noch im anderen. Erst die Gegensätze schaffen im Leben eine Vollkommenheit, die uns den Weg zur Ganzheit öffnet.

Folgen wir jedoch immer weiter unseren alten Denkmustern und bleiben wir der Vorstellung treu, Kontrolle über unsere Erfolge und unsere Besitztümer haben zu müssen, geraten wir weiter und weiter in den Sog der Unzufriedenheit und eignen uns Verhaltensmuster an, die uns immer mehr tun, mehr reden und mehr kämpfen lassen.

Nur die Vorstellung, Besitz würde reicher machen, führt zu Diebstahl und Streitsucht bis hin zu Kriegen in der ganzen Welt. Es ist wichtig zu erkennen, was wir haben, statt darüber nachzudenken, was wir noch alles brauchen. Wir müssen uns nicht länger durchs Leben kämpfen, um Dingen hinterherzujagen, die keinerlei Erfüllung bringen. Wenn uns bewusst wird, wie reich wir im Leben bereits beschenkt sind, müssen wir uns nicht mehr abhetzen, sondern können glücklich sein.

Die Zuversicht, dass in Gottes Plan alles seinen Platz hat und zur richtigen Zeit in unser Leben tritt, gibt uns das sichere Gefühl, aufgehoben und umsorgt zu sein. Unser Vertrauen wird vom Universum wahrgenommen, und wir erhalten dafür alles, was wichtig ist – ohne Hast, ohne Kampf, ohne Gier.

Gefühle

Ich kehre in mich selbst zurück – und finde eine Welt.
(Johann Wolfgang von Goethe)

Ärger, Wut, Freude, Zweifel, Glück, Trauer, Verbundenheit, Einsamkeit, Depression, Eifersucht, Neid, Hilflosigkeit, Misstrauen, Selbstmitleid, Schuld- und Schamgefühle, Selbstbewusstsein, Stolz – die Palette unserer Gefühle kann vielfältig sein, und alle geben uns gelegentlich das Gefühl, im Leben wie in einer Achterbahn hin- und hergeworfen zu werden.

Gefühle gehören zum Leben. Es gibt kein Leben ohne Freude und kein Leben ohne Trauer. Würden wir keine Trauer und keinen Schmerz empfinden, wüssten wir nichts von der Leichtigkeit der Freude. Wenn wir uns in einer traurigen Phase befinden, haben wir das Gefühl, es könne nie mehr anders werden – aber es wird sich ändern. Immer wird es wieder anders. Die einzige Konstante in unserem Leben ist die Veränderung. Ohne Veränderung kann sich nichts bewegen. Bewegung ist Leben. Wenn wir im Vertrauen bleiben, dass dieses Gesetz stetig wirkt, erfahren wir die göttliche Liebe darin. Auf den Winter folgt der Frühling, nach der Nacht kehrt der Tag zurück, nach jedem Wolkenbruch scheint die Sonne und nach der Dunkelheit unserer Gefühle gibt es ebenso wieder helle Zeiten.

Daran zu glauben, dass jederzeit eine Veränderung eintreten kann, dass wir wieder zurückfinden in eine Zeit des Glücks, lässt schon viel in uns geschehen. Damit ist es leichter möglich, die Trauer in einem Moment anzunehmen. "Die Zeit heilt alle Wunden", heißt es. Ich denke, wir selbst sind fähig, diese Wunden in uns heilen zu lassen. Zu wissen, dass das Leben ein Fluss ist, der uns einlädt, in ihn einzusteigen und uns von ihm tragen zu lassen, hilft mir, die Trauer im Moment zu leben, sie zu ertragen und sie zu tragen. Gerade wenn wir ganz in unsere Trauer hineingehen, uns diesem Gefühl hingeben, kommen wir an einen tiefen Ort des Friedens. Wir nehmen das Gefühl an, welches das Leben uns schenkt, um zu wachsen, um stark zu werden und um danach das Strahlen der Freude wieder in uns zu entdecken.

Es ist wichtig, die Gefühle in uns zu entdecken, die wir jetzt in diesem Augenblick haben. Manchmal verpassen wir unsere Gefühle, weil wir zu sehr im Außen beschäftigt sind. Ich halte es jedoch für sehr wichtig, immer wieder in uns zu gehen, um zu fühlen. Wie fühle ich mich jetzt in diesem Augenblick? Was beschäftigt mich emotional? Worüber mache ich mir Sorgen, was freut mich ganz besonders? Stellen wir uns - sooft es möglich ist -, diese Fragen, und lassen wir alle Gefühle zu, die sich uns zeigen. Es ist natürlich zu fühlen, und es ist unendlich wichtig zu fühlen - ohne die Gefühle dabei zu bewerten. Lernen wir uns selbst über diese Übung besser kennen – und seien wir ehrlich.

Wenn wir eine Empfindung haben, dann verweilen wir bei dieser und gehen in der Meditation immer tiefer in die Empfindung hinein – immer tiefer und tiefer. Sollte es ein unangenehmes Gefühl sein, müssen wir uns nicht fürchten, tiefer zu gehen. Irgendwann werden wir am Grund dieser Empfindung ankommen und feststellen, dass dort eine endlose Ruhe auf uns wartet. Dies ist unser wahres Sein, unser Ursprung, der immer ist und immer sein wird. Unser Ursprung zeigt uns: Wir können in jedem unangenehmen Empfinden Frieden erfahren, und der Friede lädt uns ein, gelassen zu werden, ruhig zu sein und voller Zuversicht das Gefühl, wie auch immer es sein mag, anzunehmen – denn in der Annahme löst es sich auf. Eine Leichtigkeit breitet sich aus, und wir erreichen den Raum des Gleichmuts.

Dorthin müssen wir gelangen – in den Raum des Gleichmuts. Es ist möglich, ihn wirklich endlos auszudehnen ... bis in unseren Alltag hinein. Gleichmut ist nur zu erreichen, wenn wir bereit sind, unsere Gefühle anzunehmen, hineinzugehen in die Zuversicht, dass alles seine Zeit hat, dass jeder das erhält, was ihm hilft, zu wachsen und zu reifen. Jedes Gefühl, ob leicht oder schwer, bietet die Möglichkeit, auf unserem Weg weiterzukommen. Darauf einzugehen und es anzunehmen als einen natürlichen Teil des Lebens, hilft uns, im Fluss zu bleiben und Blockaden in unserer Gefühlswelt gar nicht erst entstehen zu lassen.

Es bringt uns nicht weiter, gegen Gefühle anzukämpfen oder sie abzulehnen. Dies nährt lediglich unsere negativen

Emotionen. Sie werden größer und stärker, und wir verrennen uns in Selbstmitleid und Traurigkeit bis hin zu Depression – und wenn Depressionen zu einem dauerhaften Begleiter des Lebens geworden sind, wird es sehr schwer, alleine wieder zurückzufinden auf den lichtvollen Pfad. Daher ist es wichtig, uns mit unseren Gefühlen zu beschäftigen, sie wahrzunehmen, sie zu erkennen und anzunehmen – bis auf den Grund des Friedens.

Je mehr wir uns auf diese Weise mit unseren Gefühlen beschäftigen, umso leichter ist es möglich, das Gleichgewicht wiederherzustellen. Wenn wir selbst im Gleichgewicht sind und darin verweilen können, tragen wir dies zudem hinaus in die Welt. Unser Gleichgewicht wird sich dann in allen Begegnungen und Situationen widerspiegeln. Es ist eine Möglichkeit, durch unsere ausbalancierte innere Welt der äußeren Welt mehr liebevolle Stabilität zu schenken.

Sobald wir die Phase der Trauer abgeschlossen haben und mit Gleichmut in unserem Leben voranschreiten, werden sich neue Chancen ergeben, neue Wege werden sich auftun – und wir erleben: Ein Ende hat immer auch einen Anfang, der jetzt ganz in unserer Hand liegt. Mit Gleichmut in unserer Seele, in dem Vertrauen darauf, dass jeder traurigen Zeit auch eine Zeit der Freude folgt, empfangen wir mit offenen Armen die Geschenke des Lichts.

Wenn ihr von euren Gefühlen wieder in die Achterbahnfahrt des Lebens gesetzt werdet, dann seid sicher, ihr habt die Bremse für die Achterbahn in der Hand. Ihr entscheidet, ob die Gefühle euch im Griff haben oder ob ihr selbst Herr darüber werdet und dadurch der Führer eures eigenen Lebens seid. Ein Kommen und Gehen, ein Auf und Ab kann einem wilden Seegang gleichen und energieraubend sein – oder euch in sanften Wellen sacht durchs Leben tragen. Ihr entscheidet!

Denkt immer daran, ihr tragt den Urgrund des Friedens in euch – jeder von euch. Dies ist unsere Natur, unser Licht, in dem wir erschaffen wurden, aus dem wir gekommen sind und das uns niemals verlässt. Wenn wir den Frieden in allen Gefühlen finden, kehren wir zurück zu unserem wahren Sein. Jesus drückte dies in folgenden Worten aus: "Vater, verherrliche du mich jetzt bei dir mit der Herrlichkeit, die ich bei dir hatte, bevor die Welt war." (Joh17,5) Wir sind diese Herrlichkeit, wir sind dieses Licht und dieser Friede – wir waren es schon, bevor wir geboren wurden, und es ist unsere Aufgabe, dorthin zurückzukehren, um der zu werden, der wir wirklich sind.

Materielle Güter

Die Dinge sind dazu da, dass man sie benutzt,
um das Leben zu gewinnen,
und nicht, dass man das Leben benutzt,
um die Dinge zu gewinnen.

(Laotse)

Wenn ein Mensch innerlich nicht erfüllt ist, seelische Armut in sich trägt und den Wert seines Seins nicht erkennt, versucht er, das Leben mit materiellen Dingen zu füllen – in der Hoffnung, endlich innere Erfüllung zu erlangen. Dies treibt die Menschen jedoch in eine immer größer werdende innere Armut, die unaufhaltsam zu Unzufriedenheit, Nervosität und Unruhe führt. Es zeigt uns, dass diese Menschen noch sehr in ihrem persönlichen Ich gefangen sind, sie erleben das Leben in einem Gefühl des Getrenntseins, und es ist ihnen nicht möglich, das Einssein zu spüren oder für sich erlebbar zu machen. Ihre Gedanken kreisen stattdessen beständig um ihre Wünsche. Sie machen sich damit selbst zu Gefangenen, sie lassen sich manipulieren von der Werbung und der Illusion, durch Besitz Sicherheit, Anerkennung und Bewunderung zu erlangen.

Spirituelle Workshops, in denen daran gearbeitet wird, das Traumhaus, das Traumauto und den Lottogewinn zu ergattern, sind oft gut besucht. Jedoch sollten wir unsere Zeit nicht damit verbringen, um materielle Güter zu beten. Wir sollten darum beten zu erkennen – wahrhaft zu erkennen –, was uns den Frieden bringt. Erkennen wir, worin wir Frieden und Glück erfahren, werden wir verstehen, was wichtig ist und der ganzen Welt Frieden und Glück bringt. Denn wir sind die Welt. Es gibt keine Trennung. Wir sind alle eins.

Ich möchte an dieser Stelle gerne wieder eine kleine Meditation vorschlagen. Schließe für einen Augenblick das Buch, mache deine Augen zu und gehe tief in dich. Dann frage dich selbst, was deine Seele glücklich macht, was sie reich macht. Wenn du drei Wünsche frei hättest, die dich zu Glück, Freiheit und Frieden führen – was würdest du dir wünschen? Denke so lange darüber nach, bis du eine Botschaft deiner Seele empfängst, die dir das Glück bereits in der Vorstellung erfahrbar macht. Spüre, wie die Erfüllung dieser Wünsche dich glücklich macht.

Durch Übungen dieser Art öffnen wir uns, um das Leben auf uns zukommen zu lassen. Unsere Begierden und das Kreisen der Gedanken darum, was wir alles benötigen, um glücklich und zufrieden zu sein, lässt uns dem Leben nachjagen. Ja, wir leben es nicht mehr – wir jagen es. Das Leben steht aber nicht still, es ist schneller als wir. Und so rennen wir und rennen bis an unser Lebensende, wenn wir keine radikale Veränderung vornehmen.

Dabei kann es so einfach sein, wenn wir alles Hasten einstellen und uns für das Empfangen bereit machen – das lässt das Leben auf uns zukommen. Es wartet darauf, empfangen zu werden. Wir müssen nicht suchen, hoffen, bangen und jagen. Es genügt, voller Vertrauen zu sein und eine Offenheit zu pflegen, die das Leben einlädt. Wir schenken unser Vertrauen und erhalten alles, was wir benötigen, alles, was wichtig ist, um uns ein Leben in Freude zu bescheren.

Alle Gaben kommen aus derselben Quelle. Würdigen wir sie und sind dankbar dafür, wird der Fluss des Lebens immer kraftvoller fließen. Jeder erhält, was er braucht, um das Leben zu leben, für das er bestimmt ist.

Im Tao Te King schreibt Laotse:

"Glaubst du, du könntest das Universum
übernehmen und verbessern?
Ich glaube nicht, dass das geht.
Alles unter dem Himmel ist ein heiliges Gefäß und
lässt sich nicht beeinflussen.
Es beeinflussen zu wollen, führt zum Untergang.
Nach etwas greifen zu wollen, führt zu Verlust.
Lass dein Leben sich natürlich entfalten.
Wisse, dass auch dies ein Gefäß der Vollkommenheit ist.
Ebenso wie du ein- und ausatmest,
gibt es eine Zeit, vorne zu sein, und eine Zeit,
hinten zu sein,
eine Zeit, in Bewegung zu sein,
und eine Zeit zu ruhen,
eine Zeit, kraftvoll zu sein, und eine Zeit,

erschöpft zu sein,
eine Zeit, sicher zu sein, und eine Zeit,
in Gefahr zu sein.
Für den Weisen bewegt sich das ganze Leben hin zur
Vollkommenheit,
also – was braucht er:
das Übermäßige, das Übertriebene
oder das Extreme?"

(Aus: "Ändere deine Gedanken" von Wayne Dyer)

Erfüllt sein – annehmen

Es gibt ein erfülltes Leben trotz vieler unerfüllter Wünsche.
(Dietrich Bonhoeffer)

Solange wir uns selbst als getrennte Wesen wahrnehmen, ist es schwer, sich vollkommen, ganz und erfüllt zu erfahren. Über die Liebe zu allem, was ist, über die Liebe zur gesamten Schöpfung können wir erkennen: Es gibt keine Trennung. Es ist ein Licht in uns. Manche Menschen können es sehen, andere erleben es als ein tiefes Gefühl von Liebe. Diese Liebe verbindet alles von Gott Erschaffene und damit alle lebenden Wesen miteinander – ob Mensch, ob Tier, ob Pflanze oder Stein. Wenn wir beginnen, das Leben zu lieben, wird das Leben uns lieben. Uns von dieser Liebe berühren zu lassen, schenkt uns wahre Erfüllung.

Jeder Tag, den wir morgens begrüßen, kann der schönste unseres bisherigen Lebens werden. Wenn wir mit dieser Vorstellung aufstehen, können wir es möglich machen.

Auf meinem Schreibtisch liegen verschiedene kleine Zettel mit Sprüchen, die ich von meinen geistigen Helfern oder meinen Tieren für mein Leben übermittelt bekam. Es sind Gedankenstützen, die sie mir auf meinen Weg mitgaben, damit ich mich immer wieder an die Wahrheit erinnere. Auf einem dieser Zettel steht: "Ja sagen zu jedem Moment!" Meine Augen fallen oft auf diesen Satz, und ich muss gestehen, es fällt mir in manchen Augenblicken schwer, von Herzen "Ja" zu sagen. Ich messe dieser Aussage jedoch sehr viel Wert bei. Sie ist wichtig für mich und erinnert mich daran, in mich zu gehen, um immer wieder den Raum des Friedens in mir zu betreten, ihn zu spüren und mich davon erfüllen zu lassen.

Es lohnt sich, das Leben anzunehmen, "Ja" zu sagen zu jedem Augenblick. Jeder Moment ist wertvoll und setzt Zeichen, beinhaltet Botschaften und weist uns den Weg zum Einssein und der Liebe. Ich spüre die Erfüllung in mir selbst durch die Erinnerung an diesen kleinen Zettel.

Es gibt noch andere Gedankenstützen auf meinem Schreibtisch – und sie alle weisen mir den Weg zurück zu meinem Ursprung, der die reine Liebe ist. Ich bin gekommen, um zu lieben, denn das ist meine Bestimmung. Vielleicht ist es eure Bestimmung, ebenfalls Liebe zu erfahren oder vielleicht Freude oder Leichtigkeit, das reine Licht, die Glückseligkeit, den Frieden. All diese Dinge führen zurück zu unserem Ursprung. Das sind wir, all diese Qualitäten haben wir in uns – und es ist das Geburtsrecht eines jeden Menschen, seiner Bestimmung zu folgen. Sobald ihr bereit seid, diesen Weg zu gehen, wird die Gnade Gottes euch erfüllen.

Was einmal wichtig war, ist es nicht mehr. Was jetzt zählt, ist das Licht, das durch euch fließt, euch erfüllt und strahlen lässt, sobald ihr eure Bestimmung, mit der ihr gekommen seid, lebt.

Jeder Augenblick hat ein Ende und einen Anfang, Energien fließen zusammen und auseinander, alles ist in Bewegung. Diese Bewegung war schon immer und wird immer sein. Die Qualität dieser Bewegung jedoch ist wandelbar. Wir können sie verändern und erfüllen mit unserem Bewusstsein. Je mehr wir uns dem Licht unserer Seele nähern, umso mehr wird die Bewegung des Lebens wunderbare Schönheit hervorbringen.

Ich lehre euch nicht zu geben, sondern zu empfangen,
nicht Verzicht, sondern Erfüllung, nicht Nachgeben,
sondern Verstehen. Mit einem Lächeln auf den Lippen.
(Khalil Gibran)

Durch das Empfangen der Liebe Gottes erfahren wir Erfüllung in unserer Seele und beginnen zu verstehen: Wir sind aufgehoben im All des Bewusstseins. Nichts kann uns geschehen, denn wir sind nicht nur Körper, in erster Linie sind wir Geist, der aus Geist erschaffen wurde. Geist ist unverletzlich, unzerstörbar und voller Kraft, die nie enden wird. Wir öffnen uns für diese Wahrheit und sind erfüllt von Licht, das uns durchstrahlt und den Weg aus uns heraus sucht.

Wenn wir offen bleiben, werden nicht nur wir erfüllt sein, sondern wir sind dann fähig, die Welt zu erfüllen. Wir strahlen aus uns selbst – in der ewigen Verbindung mit dem großen Geist, der niemals erlischt. Es ist uns möglich, mit diesem Strahlen das Licht der Menschen, der Tiere, der Pflanzen, der Steine ... zu aktivieren, es in Schwingung zu bringen – so lange, bis es selbst beginnt, groß zu werden. Wir können jeden, der bereit dazu ist, mit uns tragen, ohne müde zu werden.

Unsere Augen werden geöffnet, um die Schönheit und das Licht in den kleinsten Dingen zu erkennen. Wir nehmen alles wahr, was Gott uns zur Freude schenkt, zum Staunen und Bewundern. Ein Spaziergang durch die Natur, bei dem wir selbst den kleinsten Käfer nicht übersehen und auch an der winzigsten Blüte achtsam vorübergehen, wobei wir Freude und Glück empfinden, erfüllt uns und beschert uns unendlichen Reichtum.

DIENEN

Wahres Dienen ist Einssein mit Gott

Ein Mensch, der mehr an die anderen denkt,
ist dadurch selbst sehr viel ausgeglichener, ruhiger und
glücklicher als Menschen,
die immer nur an sich selbst denken.
(Dalai-Lama)

In diesem Moment, in dem wir beginnen, das Leben anzunehmen und es als das würdigste Geschenk Gottes zu erkennen, verspüren wir den Drang, unser Leben nicht nur für uns selbst zu leben, auch nicht nur für den Menschen an unserer Seite, den wir lieben - in diesem Moment haben wir nur noch den einen Wunsch: für alles Leben da zu sein. Wir beginnen, nicht das Individuum zu sehen, sondern wir sehen in jedem Einzelnen die ganze Schöpfung. Betrachten wir einen Menschen, erkennen wir die gesamte Menschheit in ihm. Wenn wir ein Tier erblicken, sehen wir alle Tiere, wenn wir eine schöne Landschaft betrachten, erkennen wir Gott in allem - sehen wir die ganze Schöpfung - sehen wir Mutter Erde in ihrer Schönheit und Kraft, in ihrer Herrlichkeit und

Liebe. Es ist uns nicht mehr möglich, das eine vom anderen zu trennen, und wir spüren ein starkes Bedürfnis, unsere Gaben, die Gott uns schenkte, an die Schöpfung weiterzugeben und damit an Gott zurückfließen zu lassen. Wir verspüren ein inneres Bedürfnis, dem Gemeinwohl zu dienen.

Nun beginnen wir zu erkennen, dass all unser Tun von Gott kommt und zu Gott zurückkehrt, sobald wir es verschenken. Es ist ein Leben in der Vielfalt, in der Liebe und im Vertrauen zu Gott. Unser Dienen wird zu einem Gefühl der Heilung für alle, die wir eins sind, und alles, was wir verschenken, vervielfältigt sich zu einer Freude und einem Glück im eigenen Herzen.

Das Leben ist ein Geschenk, und es ist die Entscheidung jedes Einzelnen, was er daraus macht. Wir können einsam und abgetrennt mit diesem Geschenk leben – oder wir können unser Leben weit und groß machen und mit ihm auf einem Pfad wandeln, der zur Einheit führt.

Das Leben lässt uns erfahren, wie wir alle von Gott durchflutet werden und wie das Licht und die Liebe alles erfüllen. Ob wir es nun wahrnehmen wollen oder nicht – diese Liebe ist immer mit uns, um uns und in uns. Wenn wir die Entscheidung treffen, das gesamte Geschenk anzunehmen, welches uns schon bei unserer Geburt überreicht wurde, werden wir die göttliche Liebe in uns spüren, erkennen und jederzeit weitergeben können.

Mitgefühl

Wahres Mitgefühl ist immer stark,
und die wahrhaft Starken sind voller Zärtlichkeit.
(Krishnamurti)

In unserem Herzen öffnet sich der Raum des Mitgefühls. Und sobald wir uns verbunden fühlen mit jedem Wesen, das uns begegnet, und sobald wir uns mit ihm eins fühlen, werden wir empfinden können, was es empfindet, werden wir mit ihm traurig sein und uns mit ihm freuen.

Mitgefühl hat nichts mit Mitleid zu tun. Durch das Mitleiden vervielfältigen wir das Elend. Wir gehen ebenfalls in das Jammertal und lassen uns hinunterziehen in die Dunkelheit des Leidens, bis auch wir selbst anfangen zu leiden.

Durch Mitgefühl jedoch beginnen wir aus einer höheren Perspektive zu verstehen. Aus diesem Verstehen heraus ist es uns möglich, die wahre Liebe aufzubringen, die der andere in Zeiten des Kummers so dringend braucht. Dabei ist es nicht nötig, viele Worte zu machen. Mitgefühl heißt: fühlen, da sein, mit dem anderen sein, ihm zeigen, dass er nicht allein ist.

Wenn wir jedoch sprechen, sollten wir darauf achten, uns liebevoll zu äußern und heilende Worte zu wählen. Ratschläge sind in Zeiten des Kummers wie Schläge ins Herz. Sie zeigen wenig Mitgefühl und sind ein Zeichen dafür, dass Verständnis und Liebe fehlen. Aufmerksames Zuhören dagegen ist hilfreich, um die Sorgen zu lindern, und in der tiefen Verbindung zur göttlichen Kraft wird es uns nicht schwerfallen, geduldig und konzentriert zu bleiben. Als mitfühlendes Wesen wissen wir, wie wichtig es ist, zuzuhören und im Zuhören unser Gegenüber in die göttliche Liebe einzuhüllen.

Es kommt dabei nicht nur darauf an, dass wir die Meinung und Vorgehensweise des anderen, seine Art zu leben und zu handeln akzeptieren. Wir werden fähig, durch seine Augen auf das Leben zu blicken, um wahrhaft zu verstehen. Sobald wir durch seine Augen schauen, erreicht uns auch sein Fühlen in unserem Herzen.

Das ist der Augenblick, der die Sanftheit erwachen lässt. Wir werden weich und zärtlich, und dies lässt uns stark werden. Härte ist nur eine Maske, die leicht splittert oder zerbricht. Weichheit und Sanftmut aber geben nach und sind nicht zu zerstören. Ich werde nie verstehen, wie Menschen glauben können, dass Härte die Welt wirklich verändern kann. Sie gibt dem Leben lediglich die Möglichkeit zu zerbrechen. Weichheit hüllt uns dagegen sanft ein und gibt jedem Geborgenheit, der sich im Leben verloren hat. So erfahren wir Sicherheit, aus der heraus die Stabilität in unser Leben zurückkehren kann.

Viele Menschen fürchten sich davor, ihre Weichheit und ihre Sanftmut zu zeigen. Anfangs denkt man, es gehöre Mut dazu, sanft zu sein. Aber dies ist eine Illusion. Wenn wir beginnen zu erkennen, dass die Liebe jede Verletzung im nächsten Moment auflöst oder sie erst gar nicht mehr durchdringen lässt, dann sind wir nicht mehr davon abzuhalten, offen zu bleiben, um die Energie des liebevollen Mitgefühls aufrechtzuerhalten.

Wenn wir bereit sind mitzufühlen, werden wir beschützt, denn Gottes Liebe weitet sich in uns aus. Allein schon der Vorsatz, dass wir diese Fähigkeit in uns ausbilden möchten, uns ihr immer stärker annähern wollen, aktiviert das Licht in uns. Ich bin sicher, dass wir Gottes Unterstützung in vollstem Maße erhalten, sobald wir uns bemühen, ein mitfühlendes Herz zu entwickeln.

Mit solch einem geöffneten Herzen geben wir nicht nur unserer Umwelt Gottes Liebe, die in uns wohnt, sondern wir werden selbst eine tiefe Heilung erleben. Je offener unser Herz für andere ist, umso weniger werden wir angreifen, uns verteidigen, verletzt oder gekränkt sein. Alles, was uns andere entgegenbringen, verliert sich in der Liebe zu ihnen. Wir erkennen, dass jede Beleidigung oder Kränkung aus dem Mund des anderen lediglich ein Zeichen seiner Hilflosigkeit, seiner Schwäche oder seines großen inneren Schmerzes ist.

Die Macht der Liebe

Liebe ist die stärkste Kraft der Welt,
und doch ist sie die demütigste,
die man sich vorstellen kann.
(Mahatma Gandhi)

Die Entfaltung eines mitfühlenden Herzens und das Wachsen der Liebe ist ein parallel verlaufender Prozess. Die Liebe verbindet sich mit dem Mitgefühl und ist somit nicht mehr aus unserem Herzen zu verbannen. Plötzlich verstehen wir, dass die Liebe immer da ist und immer da war. Wir konnten sie nur leider nicht wahrnehmen – manchmal war sie nicht spürbar, und wir dachten, dass die Liebe uns verlassen habe.

Nun aber, mit all den Erfahrungen, die wir gemacht haben – mit der Wahrnehmung der Schönheit um uns, der Dankbarkeit darüber und dem Annehmen unseres Lebens –, sind wir fähig, mit allen Wesen mitzufühlen. Jetzt wissen wir: Die Liebe ist unsere wahre Essenz, ein Licht, das uns das Leben schenkt und das immer bei uns ist. Es gibt uns unsere Wahrheit zurück, sobald wir sicher sind, dass dieses Licht uns gehört – und damit der gesamten Schöpfung, von der wir ein Teil sind.

Sobald wir anerkennen, dass wir von der Liebe zu keiner Zeit getrennt sind, werden wir in all unseren Zellen das Bewusstsein haben, dass Liebe grenzenlos ist. Die Quelle der Liebe versiegt niemals, weil wir unaufhörlich an sie angeschlossen sind. Das Licht sprudelt in uns hinein, erfüllt uns, erweckt uns und verbindet uns mit dem gesamten Lebensnetz.

Ein Weiser wurde gefragt, welches die wichtigste Stunde sei,
die der Mensch erlebt, welches der bedeutendste Mensch
sei, der ihm begegnet,
und welches das wichtigste Werk sei.
Die Antwortet lautet:
Die wichtigste Stunde ist immer die Gegenwart,
der bedeutendste Mensch ist immer der,
der mir gegenübersteht,
und das notwendigste Werk ist immer die Liebe.

Meister Eckhart

Die wahre Liebe ist nicht die unsere, nichts, was wir selbst erschaffen könnten. Sie ist göttlich. Wahrhaft zu lieben, heißt, durch den Willen Gottes zu wirken, sich bewusst darüber zu sein, dass alles, was wir tun, niemals aus uns selbst kommt, sondern aus der Liebe Gottes entsteht – die dann aus uns zu fließen beginnt, wenn wir bereit sind, durch sie zu wirken.

Dies bedeutet aber auch, dass wir uns bewusst werden, dass nicht wir wichtig sind, sondern einzig und allein Gottes

Wirken. Es geht nicht um unsere Person, es geht um die Sache, es geht um das Mitgefühl für die gesamte Schöpfung, das ohne die Liebe niemals möglich wäre.

Die Wünsche unseres Egos verlieren so immer mehr an Bedeutung. Alles, was wir in der Vergangenheit noch für unendlich wichtig und unerlässlich für unser Lebensglück hielten, wird an Bedeutung verlieren. Es ist dann nur noch aus der Ferne spürbar - weit, weit weg, wie durch einen Nebel erkennbar, bis es irgendwann ganz verschwindet.

Sobald sich diese irreführenden Wünsche in unserem Kopf aufgelöst haben, kommen wir ganz bei uns an. Wir fühlen eine Stärke und eine Zentrierung, die uns klar spüren lassen, dass wir nun in uns und in unserem Leben zu Hause sind. Wir beginnen, aus der Liebe Gottes heraus zu handeln, und werden dadurch zum Werkzeug Gottes.

Franz von Assisi lebte diese Eigenschaften schon lange vor uns. Er kann ein wunderbares Vorbild sein für Weitherzigkeit und eine tiefe Liebe zur Natur, zu den Tieren und allen sozialen Verpflichtungen den Menschen gegenüber. Sein Friedensgebet erfüllt mein Herz immer wieder mit einer Ahnung davon, wohin mein Weg führt - wohin unser Weg führt. Es ist der Weg, der für unsere Seelen, unseren Geist bestimmt ist und der uns zur wahren Liebe und Freude führt:

> *"Herr, mach mich zum Werkzeug deines Friedens,*
> *dass ich liebe, wo man hasst,*
> *dass ich verzeihe, wo man beleidigt,*
> *dass ich verbinde, wo Streit ist,*
> *dass ich die Wahrheit sage, wo Irrtum ist,*

dass ich Glauben bringe, wo Zweifel droht,
dass ich Hoffnung wecke, wo Verzweiflung quält,
dass ich Licht entzünde, wo Finsternis regiert,
dass ich Freude bringe, wo der Kummer wohnt.

Herr, lass mich trachten
nicht, dass ich getröstet werde, sondern dass ich tröste;
nicht, dass ich verstanden werde, sondern dass ich verstehe;
nicht, dass ich geliebt werde, sondern dass ich liebe.

Denn wer sich hingibt, der empfängt;
wer sich selbst vergisst, der findet;
wer verzeiht, dem wird verziehen;
und wer stirbt, der erwacht zum ewigen Leben."

Immer wieder treffe ich auf Menschen, deren größte Sehnsucht es ist, sich aus der Welt zurückzuziehen, um ihren Tag und ihr Sein ohne äußere Ablenkung mit Meditation auszufüllen und so der Welt den Segen zu geben. Dies ist ein wunderschönes Ansinnen, und ich glaube durchaus daran, dass die Liebe und das Licht, die wir hinausleiten in die Welt, alles wandeln können. Sie sind der Treibstoff für jede Veränderung.

Franz von Assisi war sich allerdings darüber bewusst, dass es nicht genügt, uns in Gebet und Meditation mit der Liebe Gottes zu füllen. Wir müssen diese Liebe auf eine praktische Weise weiterfließen lassen – aus uns heraus in einen Kanal wie die Nächstenliebe und die Achtung und Würde allem Lebenden gegenüber. Dadurch, dass Franz von Assisi seine Liebe lebte, war er nicht nur ein Mildtäter für die Menschen und Tiere seiner Zeit. Er blieb bis zum heutigen Tag eine Orientierungshilfe für uns.

Wir müssen uns immer wieder daran erinnern, dass wir Körper, Geist und Seele sind, und alle diese Aspekte wollen bedacht werden. Seele und Geist verlangen danach, sich in Gebet und Meditation zu versenken und Kraft daraus zu schöpfen. Der Körper aber verlangt nach dem Tun. Wir dürfen ihn nicht vernachlässigen, denn sonst werden wir die Aspekte und Möglichkeiten unseres Seins nicht ausreichend würdigen und sie nicht miteinander vereinen können. Geben wir also unserer Seele und unserem Geist die Nahrung des Universums, und schenken wir unserem Körper die Freude, alles im Tun sichtbar zu machen.

Wir leben in einer Welt der Innenschau und des äußeren Erschaffens. Sobald wir unserem Leben beides in gleichem Maße – wie es unser Sein erfordert – zugestehen, werden wir die wahrhafte Freude erleben.

Freude

Es gibt Menschen, die mit Freude geben,
und diese Freude ist ihr Lohn. (...)
Sie geben,
wie im Tal dort drüben die Myrte ihren Duft verströmt.
Durch die Hände solcher Menschen spricht Gott zu uns,
und durch ihre Augen lächelt er auf die Welt.
(Khalil Gibran)

In echter, erfüllter Freude zu dienen, bedeutet nicht, dass wir dem Menschen dienen. Dienen wir dem Menschen und geben all seinen egoistischen Vorstellungen und Wünschen nach, dann machen wir uns selbst zu Sklaven. Wir lassen uns benutzen von egoistischen Zügen, die weit entfernt sind vom göttlichen Pfad, der wirkliche Heilung verspricht.

Göttliches Dienen bedeutet nicht, uns benutzen und ausbeuten zu lassen. Dadurch verlassen wir den lichtvollen Weg und gehen zurück auf den Pfad der Dunkelheit. Es sollte uns ein Ansinnen sein, die Menschen zu wahrer Freude zu führen, die letztendlich auch zu unserer Freude wird. Wir erkennen das Göttliche sowohl in uns wie auch in jedem anderen und verbinden uns über dieses Licht mit ihm. Eine Verbindung zweier Flammen kann ein ganzes Feuer der Liebe entfachen, die transformiert und heilt. Dies wird uns auf die Ebene der Freude tragen, auf der unsere Seelen beginnen zu tanzen.

In dieser Verbindung erleben wir die spirituelle Freude, welche fern von irdischem Vergnügen ist. Wir erkennen, dass diese Art der Freude im Herzen auf ewig lebt und unvergänglich ist. Sie löst alle Grenzen auf und lässt uns erkennen, dass wir dadurch zu einer Freiheit gelangen, die uns in unserer irdischen Tätigkeit zur vollkommenen Liebe führt. Es ist eine selbstlose Freude, die in die Herzen einzieht und eine Tiefe beinhaltet, die uns glücklich macht.

Sobald wir in der Ausübung unserer Tätigkeit Freude empfinden, die unser Herz sogar zu Tränen rührt, handeln wir durch die Liebe Gottes. Wir sind dann eins mit allem, was wir tun. Dabei ist es ganz gleich, welche Art des Tuns uns erfüllt und welche Talente und Gaben, die Gott uns schenkte, wir leben und weitergeben. Alles ist wertvoll, und nichts ist besser oder minderwertiger als das andere. Jedes gelebte Talent erfüllt uns selbst und damit die ganze Welt mit Freude. Ob nun jemand ein wundervoller Schreiner ist und die Fähigkeit hat, schöne Möbel herzustellen, ob es ein Musiker ist, der aus ganzem Herzen seine Lieder komponiert, oder ein spirituell arbeitender Mensch, der durch die Verbindung zu den geistigen Wesen die Menschheit mit tröstenden Worten begleitet, oder auch eine Mutter, die erfüllt ist von der Freude, für ihre Kinder da zu sein – sobald Freude in der Arbeit liegt und wir nicht länger auf Lob, Anerkennung oder

Beifall warten, wirkt Gott durch uns, und wir werden in jedem Fall etwas zur Heilung von Mutter Erde beitragen.

Es mag sein, dass die Traurigkeit uns immer wieder einholt – dann nämlich, wenn wir vergessen, dass wir göttlich sind und eins mit allem, was ist. Wir tragen die Erinnerung in uns, wie glücklich und voller Freude wir in Momenten der Vereinigung waren, und spüren erneut die Entfernung. Es ist die Sehnsucht, die uns nun wieder ins Einssein zurücktreibt. Die Dankbarkeit über die Macht der Liebe, die alles miteinander vereint, lässt uns immer wieder zurückkehren auf den Pfad des Göttlichen.

Es ist ein Tanz zwischen Wahrheit und Illusion, der uns stetig durch das Leben begleitet. Wir sollten nicht aufhören zu tanzen, bis wir uns voller Hingabe der Führung Gottes übergeben können. Erst dann spüren wir die Geborgenheit, den Schutz und die Leichtigkeit im Fluss des Lebens.

Bequemlichkeit und Vergnügungen sind nicht die Bestimmungen unseres Seins. Hängen wir uns an diese Vorstellungen, werden wir die Freiheit nicht erlangen. Wir fesseln uns an Nichtigkeiten, die uns zu Gefangenen machen, und sie werden unserer Seele keine Erfüllung und keinen Reichtum bescheren.

Tief in uns lebt die große Sehnsucht nach Freiheit, und Freiheit erlangen wir durch spirituelles Erwachen. Es löst alle Fesseln, alle weltlichen Verstrickungen, welche versuchen, uns in der Illusion festzuhalten.

Erschöpfung

Arbeit ist sichtbar gemachte Liebe.
Und wenn ihr nicht mit Liebe,
sondern nur mit Unlust arbeiten könnt,
dann ist es besser, eure Arbeit zu verlassen
und euch ans Tor des Tempels zu setzen,
um Almosen zu erbitten von denen,
die mit Freude arbeiten.
(Khalil Gibran)

Sobald wir feststellen, dass wir wieder zurückfallen in die Illusion der Trennung und dass wir die göttliche Liebe in uns oder den anderen nicht mehr klar wahrnehmen können, ist es an der Zeit, uns zurückzuziehen. Wir Menschen hier auf Erden leben immer noch das Hin und das Her zwischen illusorischen Vorstellungen und der letztendlichen Wahrheit. Wir sind Schüler des Lebens, unaufhörlich vom Universum begleitet und mit Gottes Nachsicht und Liebe umhüllt.

Fehler sind kein Drama, Rückschritte nichts Endgültiges – sobald wir sie erkennen, bereuen, uns vergeben und bereit sind, sie zu korrigieren und zurückzugehen auf den Pfad der Wahrheit, werden sie vom Licht aufgenommen. Sie verwandeln sich in Kraft und Stärke, die uns mit noch mehr Weisheit den Weg zeigen.

Um unser inneres Gleichgewicht wiederzufinden, um die Kraft neu zu entfachen, dürfen wir nicht vergessen, immer wieder eine Zeit der Einsamkeit und des Rückzuges zu suchen. Unsere Seele und unser Geist brauchen Nahrung, die in der Stille zu finden ist. Es ist kein Versagen und keine Schwäche, sich zurückzuziehen. Alle großen spirituellen Menschen – ob aus vergangener Zeit oder aus der heutigen – zogen sich immer wieder für einige Zeit aus der Welt zurück, um Kraft für ihre Seele zu sammeln. So steht zwischen all den Wunderheilungen und Predigten, mit denen Jesus den Menschen diente, immer wieder der Satz: "Er stand auf und begab sich an einen einsamen Ort. Dort betete er." Franz von Assisi kehrte immer wieder in die Höhlen im Wald von Carceri zurück, um sich in Gebet und Meditation mit Gott zu vereinen und Kraft zu sammeln.

Gehen wir zu den ganz großen Menschen der heutigen Zeit – Mahatma Gandhi, Mutter Teresa, der Dalai-Lama und andere, dann sehen wir: Sie alle lebten oder leben einen unvorstellbaren Glauben, eine Kraft, die ganzen Nationen Heilung und Freiheit brachte und bringt – in seelischem, geistigem wie auch in körperlichem Sinn. Aber auch sie hielten Zeiten der Stille ein, um neue Kräfte zu sammeln für ihr weiteres Dienen. Noch einmal: Es ist keine Schwäche, sich zurückzuziehen – es ist wahrhaftige Stärke, sich einzugestehen, dass wir noch immer zwischen den Vorstellungen von

Wahrheit und Illusion tanzen. Es ist Demut zu erkennen, dass wir ohne die ganze Hinwendung an Gott alleine nichts bewirken können.

Unser Leben ist gefährdet, wenn wir niemals einen Platz in der Einsamkeit aufsuchen. Unserz Reden und unser Tun verlieren ihre Kraft, wenn wir uns nicht auch Zeiten des Schweigens und der Stille gönnen. Alles im Leben braucht seinen Ausgleich. Geben wir jedem diese Freiheit, und bringen wir auch uns selbst das Verständnis entgegen, dass es Zeiten des Ruhens braucht, der Stille, des Schweigens und der Einsamkeit. Dies hilft dabei, das innere Gleichgewicht zu halten, welches uns zurückführt in die Liebe und das Mitgefühl dem Leben gegenüber.

In der Welt des Schweigens und des Rückzuges gewinnen wir mehr und mehr die Einsicht, dass alle Verdienste nicht unsere sind, sondern dass wir lediglich durch die Vereinigung mit Gott Liebe geben können. Sobald wir dies verstehen, erkennen wir, es gibt kein Scheitern, kein Misslingen oder Gelingen. Alles ist, wie es ist, weil es von Gott kommt. Wir sind lediglich ein Kanal seiner Liebe – mehr haben wir nicht zu tun. Er hat uns unsere Talente geschenkt, und wir haben die Verpflichtung, sie mit der Gemeinschaft zu teilen. Er hat uns die Macht der Liebe gegeben, mit der wir fähig sind, Heilung und Frieden überall auf Erden zu erschaffen.

Wir lernen in der Einsamkeit, dass alles Haben seinen Wert verliert und unbedeutend ist. Unser Sein ist der Wert, mit dem wir erschaffen wurden – unser Sein, welches aus reinem göttlichem Licht geboren wurde, zu dem wir zurückkehren werden.

Unsere Unvollkommenheit macht uns menschlich und gibt uns jede Minute die Möglichkeit, wunderschön, groß und mächtig zu werden durch die Liebe, die es uns erlaubt, das zu werden, was wir sind, und unserer Bestimmung zu folgen.

Eine Tao-Geschichte zu diesem Thema handelt von einem Zimmermann und seinem Schüler: Beide wandern durch den Wald und kommen an eine große Eiche. Der Zimmermann fragt seinen Schüler: "Weißt du, warum diese Eiche so unglaublich groß, alt, wunderschön und stark geworden ist?" Der Schüler antwortet: "Nein! Warum?" Der Zimmermann erklärt: "Schau, ihr Holz ist für Tische und Stühle unbrauchbar. Deshalb wurde sie bisher nicht gefällt. Nun konnte sie so unglaublich groß, so alt, so wunderschön und stark werden, dass man sich in ihren Schatten setzen und ausruhen kann."

Jeder von uns hat seine Bestimmung hier auf Erden. Er ist es wert, hier zu sein. Würdigen wir ihn dafür, ganz gleich mit welchen Gaben er sich in der Gemeinschaft einbringt. Er gehört zu uns.

Ein Einzelner kann nicht alles tun, aber jeder Einzelne kann sein Bestes geben. Im Zusammenspiel unserer Fähigkeiten und durch die Kraft der Liebe, die uns alle miteinander verbindet, weben wir ein Netz des Friedens rund um die Erde. Dieses Strahlen leuchtet hinaus ins Universum, und wir werden eins mit allen Himmelskörpern – nicht nur eins mit unseren Brüdern und Schwestern der Erde, sondern auch eins mit Bruder Sonne, Schwester Mond und allen ihren Kindern.

Noch ein Wort zum Schluss

Ich bin davon überzeugt, dass wir Menschen – alle Menschen hier auf Erden – den gleichen Weg gehen, das gleiche Ziel verfolgen. Wir alle – ausnahmslos – haben den göttlichen Funken in uns, denn wir wurden aus derselben Quelle geboren. Es spielt keine Rolle, mit welchen Namen wir diese Quelle benennen: Gott, Universum, Schöpferkraft, Allah, Manitu, ewiges Licht ... Der Name für unsere Herkunft ist nicht wichtig – sie ist unbegreiflich für uns und nicht an einem Namen festzumachen. Trotzdem brauchen wir eine Bezeichnung dafür. Ich habe sie in meinem Buch in den meisten Fällen als Gott bezeichnet, weil dies der gebräuchliche Name in der Kultur ist, in der ich aufgewachsen bin. Jeder anderen Bezeichnung bringe ich jedoch denselben Respekt entgegen.

Ja, wir kommen alle aus derselben Quelle – ob es uns bewusst ist oder nicht, wir tragen den Funken in uns, der uns vorantreibt – zurück nach Hause, in die Vereinigung mit dieser Kraft.

Je weiter wir unsere Seele entfalten, umso stärker fühlen wir den Drang, zurückzukehren ins ewige Licht. Aber auch diejenigen in unserer wunderbaren Gemeinschaft, die sich dessen nicht bewusst sind und noch im Dunkeln tappen, werden unbewusst getrieben – und auch sie werden irgendwann an den Punkt kommen, an dem sie die Erfahrung mit ihrem Licht machen, es entdecken, es finden, es spüren. Dann wird auch ihr Bewusstsein geläutert, und sie werden aus der Unbewusstheit in die Bewusstheit geführt, um im Licht den Weg zu gehen, auf dem sie sich vorher im Dunkeln vorangetastet haben. Dann schreiten sie sicherer voran und sind voller Vorfreude auf ihr Ziel.

Mein Herz ist groß für jeden, der im Dunkeln tappt. Ich sende ihm mein Mitgefühl und meine Liebe in der Gewissheit, dass ihn diese auf irgendeiner Ebene erreichen werden – ohne Worte, ohne Bekehrung, ohne Handlungen. Dies ist alles nicht nötig. Aber es ist wichtig, dass wir diese Menschen in unsere Herzen schließen und lieben, denn sie brauchen unsere Liebe am nötigsten. Ich weiß einfach: Auch ich war irgendwann im Dunkeln und habe den Weg gefunden – und auch sie werden eines Tages diesen Weg beschreiten. Die Gewissheit darüber macht mich sehr glücklich – niemand fällt aus dem Netz, niemand wird jemals verloren gehen. Wir werden gehalten von der Kraft des Universums, das gut für uns sorgt.

Wie die Bäume in den Wäldern sich gegenseitig im Wachstum und Großwerden unterstützen, wie sie füreinander da sind, wie sie sich helfen, so wünsche ich mir, dass auch wir Menschen uns gegenseitig helfend zur Seite stehen und füreinander da sind mit der Gabe der Liebe, die nicht aus unserem Ego entsteht, sondern eine ganz andere Ebene kennt, die ich Gott nenne.

Du musst das Leben nicht verstehen

Du musst das Leben nicht verstehen,
dann wird es werden wie ein Fest.
Und lass dir jeden Tag geschehen,
so wie ein Kind im Weitergehen von jedem Wehen
sich viele Blüten schenken lässt.

(Rainer Maria Rilke)

DANKE

Wo beginne ich und wo ende ich mit der Aufzählung der lieben Seelen, die mir halfen, damit dieses Buch entstehen konnte? Das ist ein Problem, wenn man von der Verwobenheit und der Verbindung aller Wesen ausgeht und wenn man bedenkt, dass das eine nicht hätte entstehen können, wäre da nicht in grauer Vorzeit dieses oder jenes geschehen.

Aufzählen möchte ich alle, die unmittelbar an der Entstehung des Buches beteiligt waren. Sie stehen stellvertretend für alle Wesen, die dahinter existieren.

Ich danke der Lektorin Simone Fischer und dem gesamten Team des Verlages "Die Silberschnur" für die Hingabe an ihre Arbeit, für die Mühe und Ausdauer, die dem Buch seinen Rahmen gaben.

Sandra Ingerman danke ich für ihre Unterstützung auf den unterschiedlichsten Ebenen. Ich danke ihr für ihr Vertrauen, ihre Begleitung und ihre Freundschaft.

Ein großer Dank geht natürlich auch an meinen Sohn Julian, der mit seiner Liebe das Licht in mein Leben brachte und mir immer wieder zeigt, was es bedeutet, ein strahlendes

Wesen zu sein und die Welt mit Zuversicht zu betrachten.

Ich danke Gerhard Höcky, der mich in jeder Phase der Entstehung dieses Werkes ermutigte, bestärkte und niemals aufhörte, an die Veröffentlichung des Buches zu glauben.

Einen besonderen Dank sende ich an meine treue Hündin Hanni, die mich begleitete, als der Falke mir seine Feder überließ, und die neben mir lag, als ich das erste Wort für dieses Buch schrieb. Jede Minute des Schreibens war sie bei mir und hüllte mich mit ihrer Liebe ein. Als ich das Kapitel DANKEN beendet hatte, starb sie.

Einige Wochen war es mir nicht mehr möglich weiterzuschreiben, und ich wusste nicht, ob ich dieses Buch jemals beenden würde. Doch dann kam Franzi in mein Leben – eine wundervolle blinde Hündin mit strahlenden blauen Augen – und Dina mit ihren feuerroten Haaren und ihrem fröhlichen Temperament. Sie forderten mich auf weiterzuschreiben. So begann ich mit Franzi und Dina an meiner Seite das Kapitel ANNEHMEN und beendete durch ihre Unterstützung dieses Werk. Daher habe ich auch diesen beiden für ihre Zuneigung und Unterstützung zu danken.

Der Dank an meinen Schöpfer ist grenzenlos, denn ohne seine Gnade wäre mir nichts möglich.

Literaturverzeichnis

Alfassa, Mira, *Der sonnenhelle Pfad*, Sri Aurobindo Ashram Trust 1993

Dyer, Wayne, *Ändere deine Gedanken – und dein Leben ändert sich. Die lebende Weisheit des TAO*, Goldmann Arkana 2008

Goldsmith, Joel S., *Die Kunst der Meditation*, Heinrich Schwab 2004

Goldsmith, Joel S., *Der Geist, der in uns lebt. Der Weg zur Verwirklichung*, Heinrich Schwab 2007

Kuster OFM Cap, Niklaus, *Portraits großer Mystikerinnen und Mystiker. Barfuß in den Fußspuren Jesu: Zur Mystik des Franz von Assisi*, Lassalle-Haus 2005

Sri Aurobindo Society Deutschland, *Flüstern der Natur*, Sri Aurobindo Ashram Trust 1990

Ellen Vande Visse

Der spirituelle Garten
Wie Naturgeister uns helfen

Ellen Vande Visse lädt Sie ein, harmonisch mit dem Naturreich zusammenzuarbeiten. Unterhaltsame Erzählungen erläutern Schritt für Schritt, was Sie tun können, um gemeinsam mit der Natur zu gärtnern und mit den Elementarwesen zu kommunizieren – vollkommen unabhängig davon, ob Sie medial veranlagt sind oder nicht.

256 Seiten, broschiert
ISBN 978-3-89845-353-0
€ [D] 16,90

Der spirituelle Garten lehrt uns, mit den Pflanzen als Lebewesen zusammenzuarbeiten. Ein Buch uber außergewöhnliches Gärtnern, das Sie bis zur letzten Seite nicht mehr aus der Hand legen werden.

Myra

Devas – Die Natur hinter der Natur
Saint Germains Vermächtnis

Im Hinhören und Wahrnehmen der Klänge der Natur können wir das wiederentdecken, was wir zur Harmonisierung brauchen. Dieses Buch führt Sie zu Ihrer inneren Stimme, die Sie stets zur richtigen Pflanze, zum richtigen Metall, zum richtigen Mineral – zu einer lichtvollen Alchemie der Heilung lenkt.

176 Seiten, broschiert
ISBN 978-3-89845-357-8
€ [D] 6,95

»Der Rhythmus eures Herzens bringt euch ganz automatisch wieder in Verbindung mit dem Rhythmus des Planeten. Spurt im Zyklus der Jahreszeiten die Interaktion mit eurem eigenen Lebenszyklus. Werdet zu einem Teil der Natur.« Saint Germain

Machen auch Sie sich mithilfe von Saint Germain die Heilkraft der Natur zunutze.

Dirk Thomas

Botschaften der Waldfeen
Die reinigende Kraft der Natur

Feen – diese zauberhaften Wesen aus der Welt der Märchen wandeln wahrhaftig in unserer Welt. Wenn wir unser Herz wieder der Natur öffnen und die Kräfte der Natur in uns aufnehmen, können wir ihnen begegnen. Dana, die Feenkönigin des Waldes, geleitet uns in diesem Buch in ihre Welt. Sie zeigt uns, wie wir unserem eigentlichen, göttlichen Wesen wieder näherkommen. Schritt für Schritt begleitet Dana uns zu unserer inneren Weisheit und erklärt dabei auch die Gesamtzusammenhänge unseres energetischen Umfeldes, um uns endlich als Teil der gesamten göttlichen Ordnung wiederzufinden. Wer den lichtvollen Hinweisen folgt und die versöhnliche Hand der Fee ergreift, steht am Ende des Buches vor einem bedeutenden Schritt: Dem Weg in den eigenen Garten Eden ...

176 Seiten, broschiert
ISBN 978-3-89845-399-8
€ [D] 14,95

Olivia Moogk

Feng Shui & Naturmedizin
8 Faktoren für Ihre Gesundheit

Das Buch zu einem neuen Gesundheitsverständnis! Hilfe können Sie erwarten: für das Herz-Kreislauf- und Gefäßsystem, für Kopf und Gelenke, den Menstruationszyklus oder einen besseren Schlaf. Die Autorin zeigt auf, wie man mit Qi umgeht, Stress abbaut, das Immunsystem stärkt, geistigen und körperlichen Ballast abwirft, Krankheiten heilt, die Regeneration fördert und schließlich ein »Better-Aging« betreibt. Die Methoden hierzu kommen gleichermaßen aus dem Bereich des Feng Shui wie aus der Naturmedizin selbst. Schritt für Schritt wird der Leser neue Möglichkeiten entdecken, sich eines besseren und gesünderen Lebens zu erfreuen ...

192 Seiten, durchgehend
4-farbig, gebunden
ISBN 978-3-89845-197-0
€ [D] 29,90

Olivia Moogk & Barbara Sörries-Herrnkind

Qi-Gardens

*Die kombinierte Gartengestaltung –
facettenreich & ausgewogen*

248 Seiten, Großformat,
gebunden m. zahlreichen Abb.
ISBN 978-3-89845-077-5
€ [D] 39,90

Dies ist das erste Fachbuch, in dem – anhand zahlreicher Praxis-Beispiele – veranschaulicht wird, wie eng sich das 5000 Jahre alte Wissen des Feng Shui mit traditioneller Garten- und Landschaftsgestaltung verbinden lässt. Neu ist vor allem, dass der Mensch im Mittelpunkt steht und sein Geburtsdatum Hinweise auf seine elementaren Bedürfnisse in der Gartengestaltung gibt. »Qi-Gardens« ist somit ein Begriff für Gärten, in denen man sich vertraut und geborgen fühlen und die Seele baumeln lassen kann. Daneben enthält das Buch umfangreiche Planbeispiele, Pflanzenlisten, keltisches Baumwissen, Rezepte aus dem eigenen Garten u.v.m.

Elizabeth Clare Prophet

Mit Elementarwesen arbeiten

Zum Wohle der Erde

192 Seiten, broschiert
ISBN 978-3-89845-287-8
€ [D] 6,95

In vergangenen Goldenen Zeitaltern arbeiteten die Naturgeister und die Menschen Hand in Hand, und die Erde glich einem Garten Eden ... Doch dann kam eine Zeit, in der die Negativität des Menschen Eingang in die Welt fand und die Arbeit der Elementarwesen enorm erschwerte. Die Elementarwesen können diese Last kaum mehr schultern, um das planetarische Gleichgewicht aufrechtzuerhalten. In diesem Buch werden Wege aufgezeigt, wie wir zurück zum »verlorenen Paradies« finden. Wir lernen, wieder im Einklang zu sein mit den Elementarwesen und sie in ihrer Arbeit zu unterstützen, um so erneut ein Goldenes Zeitalter für uns einzuläuten.

152 Seiten, broschiert
ISBN 978-3-89845-266-3
€ [D] 6,95

Franziska Krattinger

Die 7 universellen Gesetze
Spielregeln für ein Leben in Vielfalt

Das Leben folgt universellen Gesetzen. Wer diese begreift, kann sich alle Lebensformen, Situationen und Realitäten erklären. Diese universellen Gesetze gelten auf allen Ebenen und in allen Bereichen. Niemand kann sich ihnen entziehen.

Dieses Handbuch vermittelt durch praktische Übungen und gelebte Beispiele aus dem Alltag die entscheidenden Spielregeln für ein Leben in Fülle! Es zeigt, wie man seine Kraft am besten einsetzt, um seine Ziele stets zu erreichen. Die beschriebenen Gesetze gelten für alle – und wer sie beherrscht, ist somit Herr über seine Realität.